知の生態学の冒険　J・J・ギブソンの継承　2
The Ecological Turn and Beyond: Succeeding J. J. Gibson's Work

Ma'ai: An Inquiry of Ecological Phenomenology

河野哲也
*Tetsuya Kono*

# 間合い
## 生態学的現象学の探究

東京大学出版会

*The Ecological Turn and Beyond: Succeeding J. J. Gibson's Work*
*Vol. 2 Ma'ai: An Inquiry of Ecological Phenomenology*
Tetsuya KONO
University of Tokyo Press, 2022
ISBN 978-4-13-015182-5

知の生態学の冒険
J・J・ギブソンの継承

2

# 間合い——生態学的現象学の探究

目次

# シリーズ刊行にあたって——生態心理学から知の生態学へ

本シリーズは、ジェームズ・ジェローム・ギブソン（James Jerome Gibson, 1904–1979）によって創始された生態心理学・生態学的アプローチにおける重要なアイデアや概念——アフォーダンス、生態学的情報、直接知覚論、知覚システム、視覚性運動制御、知覚行為循環、探索的活動と遂行的活動、生態学的実在論、環境の改変と構造化、促進行為場、協調など——を受け継いだ、さまざまな分野の日本の研究者が、自身の分野の最先端の研究を一種の「エコロジー」として捉え直し、それを「知の生態学」というスローガンのもとで世に問おうとするものである。

ギブソンが亡くなって四〇年余りの歳月が流れた。この間に「ギブソン・ブーム」「アフォーダンス・ブーム」と呼びたくなるような生態学的アプローチへの注目が日本でも何度かおとずれた。しかしながら、ギブソンそして生態学的アプローチのインパクトは、哲学的・原理的なレベルでの考察に到達しない限り、気の利いた概念のつまみ食いになってしまう。幸いにも心の哲学や現象学という分野の一部では、かつてこの分野を席巻していた観念論的な傾向が厳しく退けられるようになり、行為と実在との関係を核とした新しい実在論あるいは新しいプラグマティズムが勢いを増している。そして、身体性認知科学やロボティクスといった、工学に親近性を持つ分野では、Embodied（身体化された)、Enactive(行為指向の)、Embedded(埋め込まれた)、Extended(拡張した)、という四つのEの発想のもと、認知のはたらきを身体や環境の一部までも含んだ一大システムのはたらきとして捉えることが半ば常識となった。こうした動向は生態学的アプローチの発想の深い受容を示している。

しかし他方、生態学的アプローチのもう一つの本質であるラディカリズムについては、心のはたらきの科学的研究の中核部において深く受容されているとは言い難い。なぜなら心の科学の発想にはいまだに反生態学的な姿勢が根強く見られるからである。その証拠に、心の科学での問題解決は、相変わらず専門家による非専門家(一般人)の改良を暗黙のパラダイムとしている。たとえば、各人の発達の過程を社会的に望ましいものに変えること、各人のもつ障害を早期に「治療」すること、各人の心理的な問題を解決して社会に適応できるようにすること、従業員が仕事に従事する動機を高め生産性を上げること、社会規範に合わせて自分の行動傾向を自覚することなどが奨励されている。専門家が人々の内部に問題の原因を突き止める、そしてそれに介入することで解決を図る。病の源は個々人の内にあり、それを取り除くために専門家に頼る、逆に非専門家の側も専門家による介入を正しいと思ってしまう……この頑強な発想が当然のごとく受け入れられている。心のはたらきを探究する脳神経科学も同様の陥穽にしばしば陥っている。まるで、最終的に人がどう振る舞い何をなすべきかについて専門家たちに伺い立てるように仕向ける暗黙のバイアスが、心をめぐる科学の発想には内蔵されているかのようである。

あえて言おう。このような科学観の賞味期限はすでに切れた。生態学的アプローチのラディカリズムとは、真の意味で行為者の観点から世界と向かい合うことにある。それは、自らの立場を括弧に入れて世界を分析する専門家の観点を特権視するのではなく、日々の生活を送る普通の人々の観点、さらには特定の事象に関わる当事者の観点から、自分（たち）と環境との関係を捉え直し、環境を変え、そして自らを変えていくことを目指す科学である。

**生態学的な知とは何か。それは、ある事象の存在の特徴・体制・様式を知ることが、それを取り囲む環境の存在を知り、環境とどのような関係を結びながら時間の経過とともに変化や変貌をとげていくのか、また環境にどのような変化が生じるのかということを知ることに等しいと見なす、そうした知である。**

生態学的アプローチは、このような知の発想を生き物の知覚と行動の記述と分析に持ち込んだ。この発想は、モノや料理を作る工作者として、子どもの発達や学習に関わる養育者として、日々の人間関係と人脈づくりに翻弄される市井の人として、わたしたちがそれと自覚することなく行っている様子を、あらためて記述する際に何度も呼び出される。そして、この様子の丁寧な記述のなかからこそ、これまで見えていなかったわたしたちと環境との関係が見えるようになる。わかってくるのは、自分を変えること、自らの行為を変化させることが、実は、自分を取り囲む環境を変えること、周囲の実在との関係を変化させることと等価であるということだ。つまり、わたしたちの生は、周囲と周囲にいる他者との時間をかけた相互作用・相互行為であることがわかってくるのだ。わたしたちがどう生きるのか、何をなすべきかを考える始点は、環境に取り囲まれた存在の生態学的事実に求めなくてはならない。知の生態学は、生きている知を取り戻す、いわば知のフォークロアなのである。

本シリーズでは、こうした生態学的な知の発想のもと、生態学的アプローチの諸概念を用いながら、執筆者が専門とするそれぞれの分野を再記述し、そこで浮かび上がる、人間の生の模様を各テーマのもとで提示し、望ましい生の形成を展望することを目的としている。このシリーズの執筆者たちは、二〇一三年に東京大学出版会より刊行されたアンソロジーシリーズ「知の生態学的転回」三巻本（第1巻『身体』、第2巻『技術』、第3巻『倫理』）にも寄稿しており、そこでは、「生態心理学を理論的中核としながら、それを人間環境についての総合科学へと発展させるための理論的な基礎作りを目的」（同書「シリーズ刊行にあたって」）としていた。前シリーズでは、生態学的アプローチがいかに多様で学際的な学問領域へと適用できるかという可能性を追求し、このアプローチが開拓する新しいパースペクティブを広範な読者に知ってもらうことを目指した。今回新たにスタートしたシリーズ「知の生態学の冒険　J・J・ギブソンの継承」は、前シリーズで貢献した著者たちが、それぞれの専門分野とトピックにおいて生態学的アプローチを十全に、しかも前提となる知識をさほど必要とせずにできるかぎりわかりやすく展開することを目指している。

本シリーズのテーマの特徴は、第一に、身体の拡張性、あるいは拡張された身体性に目を向けていることである。生態学的アプローチの研究対象は、身体と環境、ないし他の身体とのインタラクションである。しかしその「身体」とは、もはや狭い意味での人体に止まらない。岡田美智男の第1巻『ロボット』は、ロボットという身体の示す「弱さ」や「戸惑い」に人間が引き寄せられ、人間がロボットとともに生きていく共生の可能性が描かれている。柴田崇の第4巻『サイボーグ』は、人工物とは根本的に人間にとって何であるのか、サイボーグについての既存の語りを通して人工物を考えるための新しい見取り図を提案しようとする。長滝祥司の第6巻『メディアとしての身体』は、身体を世界と他者と交流するメディアととらえ、身体的な技能と技術を探究しながら、ヒューマノイド的な身体が根源的な「傷つきやすさ」を纏っているとの認識に到達する。谷津裕子の第5巻『動物』は、動物福祉学や動物倫理学の知見を踏まえ、これまでの人間の動物への態度を問いなおす論考である。動物と人間の生の連続性を見据えて、どのように動物と関わることが、ひと、動物、環境がよりよく共生していく道を切り開いていく助けとなるのかが追求される。

もうひとつの重要なテーマは、人間における間身体的な関係への注目である。田中彰吾は第3巻『自己と他者』で、脳が世界と交流する身体内の臓器であることを強調しながら、自己の身体の経験が、発達の最初から他者との関係において社会的に構成されることに着目する。環境とは、人間にとってもそもそも社会的なものなのである。河野哲也は第2巻『間合い』で「間合い」という日本の伝統的な概念を掘り下げ、技能・芸能、とりわけ剣道と能、日本庭園に見られる生きた身体的な関係性としての間合いの意味を明らかにする。熊谷晋一郎の第8巻『排除』は、相模原市障害者福祉施設での大量殺傷事件を考察の起点に置き、当事者の視点に立ちながら、障害者を排除する暴力が生み出されやすい環境とは何か、ソーシャルワーク分野において暴力が起きうる環境条件とは何かを探る。

そしてアフォーダンスの概念の深化である。森直久の第7巻『想起』は、体験が記憶として貯蔵されており、その検索と復元が想起であると考える従来の記憶観を、生態学的アプローチから鋭く批判し、体験者個人に帰属されるアフォーダンスの体験の存在を担保しながら、想起状況の社会性や集合性を考慮し、動的な時間概念を導入した新たな想起論を提示する。三嶋博之と河野哲也、田中彰吾は、本シリーズ最終巻『アフォーダンス』において、ギブソンの「アフォーダンス」の概念と、そのアイディアの継承者たちによる展開について整理しつつ論じ、その理論的価値について述べる。

執筆者たちの専門分野はきわめて多様である。生態学的アプローチのラディカリズムと醍醐味をより広くより深くより多くの人々に共有してもらえるかどうか――本シリーズでまさに「知の生態学」の真意を試してみたい。

二〇二二年一月

河野哲也・三嶋博之・田中彰吾

# 序——間と間合いとは何か

## 1　間の日本文化、しかし普遍的であること

本書は、間と間合いという現象とそれを創出する人間の身体性について、生態学的現象学から記述し、考察することを目的としている。

間《ま》と間合いという言葉は、日本語で日常的に使われる。間は、ある一定の距離や間隙を指しているが、この言葉を使わずに、一日の会話を終えることが難しいくらいである。「間があいた」「間に合う（合わない）」「間をおく」「間違い」「間が抜けた」「間が悪い」「間が持てない」などがすぐに思いつく用法であるし、慣用的な表現となればさらに数が増える。

これだけ日常的に普及し尽くした言葉でありながら、「間」は、日本の文化にとっていまだに強い生命力を持ち続けている。私たちは、文化的な現象としての間にしばしば注意を払い、間の取り方を丁寧に扱い、間がどうあるべきかについて気を遣っている。とりわけ、日本の伝統的な技芸の世界、すなわち、芸術や芸能、武道の分野の中で、間は最も重要な役割を担っていると言ってよい。

たとえば、筆者は、間と聞けば、日本庭園の鹿威《ししおど》しの音を思い出す。遠い蝉の声しか聞こえない静

かな夏の庭園に、かすかに水の流れる音が聞こえる。ほとんど無音に近いその音が、何かを満たす確かな高まりを示すと、突然、水が堰を切って流れ落ち、一瞬の間をもって、竹の筒が硬い岩にあたる。湿度と硬質さの両方を備えた音が、庭全体の空気に鋭い覚醒を与える。この形而上学的と呼びたくなるような瞬間を、筆者は以前より愛している。

鹿威しは、文字通りに、もともとはシカを農地から追い払うための装置であったが、音と眺めを楽しむ仕掛けとなり、日本庭園に設置されるようになった。水の溜まる音さえ聞こえる日本庭園の静謐さが、添水《そうず》の打音を効果的にするためには不可欠である。鹿威しの音は一定した間隔で打たれるが、湧き水や引き水を利用した場合には、機械的にまったく同じ間隔で音はならない。かすかな間隔の違いが、水と竹の都合で生まれてくる。また、こちらの耳の立て方によって大きく聞こえもし、気づかないときさえある。

鹿威しの例から分かるように、間はリズムと関係している。ハーモニーが音程における秩序を指すのに対して、リズムは運動とその速度における秩序を指すと言えよう。しかしもともと、リズムを意味するギリシャ語 rhuthmos《リュトモス》は、語源的には「流れる」という動詞の rheo《レオ》から派生している。ただし、古代ギリシャ人はこの言葉を、第一義的に「かたち」、それも固定的な形ではなく、線の形や着衣のスタイルなど、即興的、一時的、変更可能な形を意味するものとして使い、第二義的に、音楽的な現代のリズムの意味で使ったという。したがって、リズムとは「即興的な配置」を意味していた(1)。鹿威しも、水道水ではなく、自然の湧き水などを利用した場合には、いま述べたような即興的と言ってよ

**図 1**　殿ヶ谷戸庭園の鹿威し（東京都国立市）（筆者撮影）

**図 2**　肥後細川庭園の鹿威し（東京都文京区）（筆者撮影）

い不規則さが見出せる。

後に述べるようにリズムは、メトロノームが刻むような機械的な拍子とは区別されなければならない。リズムは、自然と生命の波動現象である。

海面を伝う波浪は、多様なリズムを刻む。海面の波には、遠方からやってくるうねりと、近くの海面が風に吹かれて生じる風浪とがある。さらに潮の流れや沿岸からの逆流、船の引き波が、うねりと風浪に絡み合って、海面にはきわめて複雑な波形が描かれる。波の高さも、一定の高さの繰り返しの中に、波同士の干渉によって予測不能な高まりが生じることがある。サーファーが海上で浮かんで待っているのは、こうした波である。

だが、どの波にせよ、そこに一定のリズムが生じるのは、海水に粘りがあるからである。風が海面に吹きつけると、水はその圧力を受け止めて、ある程度、持ちこたえ、それを解放するかのようにして波形を作り出す。粘度の高い水は、刺激をゆったりと受け止め、緩やかで大きな波長で応答していく。これが、金属のように硬質な物体になると、環境からやってくるかなりの圧力をはじき返すと同時に、内側に向かって細かく震え、周期の短い波長で周囲の空気を震わせる。私たち生き物が緩やかなリズムで活動しているとするならば、それは私たちの身体が、柔軟で、緩やかな粘度を持った物体であることのあかしである。つまり、身体は、金属よりはむしろ水に近い。私たちの身体は流体である。事実として私たちの身体のかなりの割合が水分であるが、筋肉や骨格でさえ、一種の流体として捉えるべきではないだろうか。

さて話を芸能の世界に戻せば、筆者は能楽鑑賞が趣味である。大鼓の奏者が、腹から出される、落ち着いてはいるが気迫の充実を示す低音の掛け声とともに、横真一文字に空を切って腕を開き、一瞬の筋収縮をもって鼓を打つ音は、鹿威しが静寂に存在の一撃を穿つさまにどこかで通底している。能では、音を出すのと同じほど静寂が重要な意味を持つ。奏者のゆっくりした動きとその緊迫した溜めが、聞き手に次の音を期待させ、演者と聞き手が相まって静寂に充実をもたらす。この間合いこそが演奏の要である。

他方で、武道においても間合いの取り方はその技術の本質に関わっている。剣道では、おそらく他のどの格技よりも、間合いが重視される。剣道の間合いは、単に身体と身体、竹刀と竹刀の空間距離を言うのではない。それは空間的であると当時に、打突を投ずる時機のことを指す。剣士が構えあったときに発する「気合」は、その時機を呼び寄せるための発声である。初心者や若年層がしばしばそうするように、勘違いしたころ合いで無意味な奇声を発するのでは、気合とは言えない。お互いに同時に大声を張り合っているだけであれば、野獣の唸り声にも及ぶまい。気合とは、鹿威しの水の流れのような、大鼓を打つ前の絞り声のような、次の一瞬の衝撃を生み出すために、場の緊張を嵩じていくためのものである。気合はただの大声のことではないし、相手を脅かすためのものでさえない。その場に自分の身体から音響的な波動を送り、その最後の気息を自分の中に溜め込むとともに、その場を張り詰めさせるものである。自分が発した波動の内に相手を迎え入れ、そして相手からの返事を待つ。そうした存在論的なコミュニケーションなのである。

これと同じような間と間合いを体感させる機会が、日本画の中に、歌舞伎の中に、和歌の中に、落語のような話芸の中にといったように日本の文化のそこここに仕込んである。間は、日本の伝統的な芸能・芸術において欠くべからざる要素である。

しかし他方で、海外で過ごした経験を持つ人々は、間が日本文化や日本社会に特殊な現象ではないことも知っている。どこの国のどこの社会であろうと、「間があいた」「間違い」「間が抜けた」「間が悪い」「間が持てない」といった言葉で形容できる行動や出来事が生じる。そして、さまざまな文化と地域において、間と間合いが、芸術的表現の中で重視されている。それらの地域の人々も、彼ら自身の言葉によって「間」に注目し、尊重している。

したがって、間は、確かに日本文化が長らく注目してきた現象であるとは言え、同時に普遍的な現象でもある。筆者が、国際学会でさまざまな国の聴衆に対して、日本の古典芸能における間の概念について説明すると関心を示す人が多い。特殊すぎて理解が難しいという評価をする人はほとんどいない。間についての日本の理論を披露すると、鋭く反応してくれる。「間」や「間合い」という言葉ほど簡潔な表現ではないかもしれないけれど、多くの社会でもそうした現象に絶えず関心が注がれてきたのである。たとえば、クロード・ドビュッシーは、「音楽とは音と音の間の静寂である」と述べた。天文学者のマーク・ウィットルは宇宙の始まりを次のように描く。「あたり一面、死のような静寂に包まれている。しかし、すぐにでも飛び出す準備ができている非常に豊かな音が宇宙全体には潜在していて、ただ重力から命令が届くのを待っていた。ある意味、宇宙は静寂の音に包まれていたが、その静寂は非常に豊かで、その中には将来生まれるすべての音がすでに存在していた」[2]。このコズミックなイメージをもたらす一節を読み、松尾芭蕉の「古池や蛙飛びこむ水の音」を思い出さない者がいるだろうか。古典的な芸術の世界ばかりではない。ロックグループ、イエスの「ラウンドアバウト」のイントロは、鹿威しの響きを彷彿させないだろうか。

そこで本書では、間という現象を、人間の身体性、とりわけ、自己と他者の身体同士の関係性、つまり間身体性に注目しながら探究していきたい。間の日本文化について論じた研究はこれまでもたくさんある。[3] しかし人間の相互行為において生じる間、つまり「間合い」に関しては、まだまだ論じる余地があると思われる。

人間のあいだで間を調整することを「間合いを取る」という。そこで以下では、この間合いを、能や武道といった日本の伝統的な身体的パフォーマンス、あるいは、日本庭園における歩行といった身体運動を手がかりにして、その本質とダイナミズムを明らかにしたい。

間と間合いを間身体的な現象として捉えるためには、これまでの哲学とは異なった身体観を提示しなければならない。心身二元論的な考えでは、間合いという心身一如の現象を捉えられないことは言うまでもない。しかしさらに、身体を、周囲の環境から独立し、安定して分離した内部構造を持った剛体として想定するのでは、環境や他者との流動的で共鳴的な間身体的交流に他ならない「間合い」という現象を理解することは難しい。そこで、私たちは、自分の身体を、海という流体の中で、同じくほとんどが水分でできた自己の身体を、薄い膜によってかろうじて外部と分け隔てている海月《くらげ》のようなものとして考える必要がある。あるいは、環境を卵と見立て、自分の身体がそのどろりとした半透明の粘り気のある溶液に囲まれている黄身のように考える必要がある。モデルとなるのは、環境に充満する流体の一部としての、流体としての身体である。間の概念を突き詰めることで、身体を流体として捉える見方を提示することも本書の大きな目的である。

さて、間と間合いという現象、および流体としての身体という現象を哲学的に探究するにあたって、本書では生態学的現象学という立場を取ることにする。生態学的現象学とは、後に詳しく述べるように、人間の心理を主体と環境との循環的関係の中での意味に満ちた経験として記述し、理解しようとする立場である。

間や間合いという現象は、数値化した形で、あるいは自然科学的な方法で捉えることが非常に難しい。間と間合いは、ある主体が自分を取り囲んでいる環境や他の人々とのあいだで、個別的で特殊な意味として経験する現象である。またそれは流動的でダイナミックな現象である。間や間合いを理解するには、主体の変動する経験に寄り添った記述が欠かせないが、同時に主体と環境との関係を外側から捉える必要もある。そのために適した視点を提供してくれるのが、生態学的現象学である。

生態学的現象学がどのような立場であり、方法であるかは、次の章で説明するとして、まず「間」という現象を、言語の分析を通して整理することから始めよう。

## 2　ま・あいだ・あわい・はざまの概念

「間」という漢字は、「ま」とも、「あいだ」とも、「あわい」とも、「はざま」とも読むことができる。「間合い」は、もちろん、「間」と「合う」という単語を組み合わせた言葉である。

漢字で書かれる「間」は、国語辞典を引けば、空間的・時間的間隔を意味していることが分かる。それは、通常、「二つの物に挟まれた（空虚な）空間」、あるいは「ある一定の範囲で区切られた時間」、あるいは「物と物とを隔てる空間」を意味している。先にあげたように、「間」は、「間があいた」「間に合う（合わない）」「間をおく」など日常生活で頻繁に用いる成語をなしている。

では、漢字の「間」は、そもそもどういう意味だろうか。この漢字は、「門」と「日」からできている。もともとはこの「日」は「月」だったようである。語源的には、門が少し開いていて、そこから日の光か、月の光が漏れてくる様子を形象的に表現している。

外には太陽や月の光がすでに充満しており、それがわずかな隙間を通して戸の内側へと差し込まれてくる。こうした光景に、間という言葉の原風景がある。したがって、間とは、単なる空虚や無ではなく、そこから何かが現れてくる、何かが生じてくる間隙やインターバルを意味している。日本語の時間や空間という言葉には、すでにこの「間」の意味合いが含まれている。日本語の概念では、時間も空間も、ニュートン物理学で言うような、三次元の空虚な箱や、抽象的な測定軸を意味するのでははない。それは、背後から、突如、それまで隠されていた何かが差し込まれてくる間隙、充満した潜在性からにわかに何かが顕在化してくる様子として理解されている。

これは、あらゆる物が形象をなす前に、未分節のままに含まれている東洋的な「無」の概念と近い。間と無には、概念的な親近性がある。間は、単純な空虚ではなく、二つの対象に一定の関係が存在しているときにはじめてそれとして認められる。言うなれば、間は関係性としての無なのである。

上で述べたように、間という漢字は、「ま」とも、「あいだ」とも、「あわい」とも、「はざま」とも読むことができ、そのニュアンスは微妙に、しかし重要な意味で異なっている。

まは、物と物との、出来事と出来事との、人と人とのあいだの間隙やインターバルとして定義できる。それは、空間的あるいは時間的であり、時空間両方に関わることもある距離である。たとえば、「二つの音にまがある」とか、「出発までに（いまから）まだ、まがある」といった言い方をする。しかし、まは単純に客観的な距離を意味するのではない。「出発までにまだ、まがある」と言ったときには、ある出来事の前に時間があり、その時間において何かを企画できる、何かを実行できることを示唆している。そこでは、行為の可能性、潜在性が暗に示されている。「二つの音の間にまがある」と言うときには、「二つの音が鳴った」ではなく、その間に何かが継続し、持続しているということである。まという現象では、ひとつの物ともうひとつの物の間に何かが持続しており、緊張が維持されている。その意味で、まは絶対的な沈黙ではない。

まとは、二つ以上の物や人、出来事が、隔たりながらもつながっている空間的・時間的な距離のことである。まは、空間的であると同時に時間的であるが、それは単に量的な隔たりではなく、関係についての質的な特性を指している。まは、その意味において何かの機会である。機会とは何かが生み出される、何かが生じるタイミングのことであり、その良し悪しを質的に評価することができる。「間がよい」「間が悪い」「間が抜けている」「間延びする」というのは、そのタイミングの良し悪しについて言っており、そこでは二つの物事のあいだに生じる出来事がその二つの物事をうまく媒介できるかどうかが問われている。「間がよく酒が運ばれてきた」というのは、宴の席で、参加者の会話ややり取りがうまく取りもたれるようなタイミングで酒が運ばれてきたということである。「間が抜けている」というのは、その当人が登場すべき、あるいは介入すべきときを逃し、むしろ物事の関係や流れが弛緩してしまう振る舞いを指している。「間延びした」とか「間がもたない」というのは、そこにあるべき緊張が持続できなくなっていることである。

したがって、まは、空虚で、無力な、否定的でしかない非存在ではなく、何かが生じることで二つの物を結びつけるような、しかも、その二つを独立の物としながらも結びつけるような現象である。まにおいては、二つの物を、距離をおいて結びつける力が働いている。それは引力であると同時に斥力であるような力の働きであり、物と物を媒介し、ある釣り合いの状態に収めているような力の働きなのである。

作曲家の小倉朗[4]は、西洋音楽を身につけた耳にとって、最初、日本の音楽は「ながったらしく」「すきまだらけ」に聞こえたという。日本語は一音一音が母音を伴って鳴り終わる性質を持っている

**図 3**　黒川能の鼓（2018 年 5 月　山形県鶴岡市黒川地区にて）（筆者撮影）

が、日本の歌も、一歩進んでは立ち止まり、止まっては一歩進むという歩調を取る。笛は歌を模倣して動きをともにして、打楽器は衝撃音によってその緩やかな歩調を〆る。こうして日本の古典音楽は点と線の構成を持っている。この音が消え去ったしじまにこそ音楽的な意味がある、と小倉は指摘する。音と音のあいだの無音のしじまの中に、みなぎる緊張を聞き分ける。

その閑寂の世界は、わび、さびと呼ばれる。わびとは、「わぶること」「わびしいこと」「思いわずらうこと」であり、満たされぬ状態になって充足を願う痛切な気持ちのことである。それは、先述の芭蕉の名句「古池や蛙飛びこむ水の音」が表現するような情景である。静と動、静寂と音、死と生といった対比において、前者の緊張の中から後者が生まれてくる世界と呼応している。

このように、間とわび・さびは密接な関係にある。音楽において拍子が予感されるものであるように、間も予感されるものである。音が静寂に戻ることが期待されるように、何かの出来事の後に間が生じることも期待される。そして、間において待機しているのは、「満たされない思い」であり、充足されるのを待っている次の出来事への期待なのである。

他方、「あいだ」は、「ま」とほぼ同義語であり、日常生活においては言い換えが可能な場合も多いが、それでもニュアンスの違いがある。あいだは、まよりも客観的で、時間的・空間的な距離が遠いニュアンスがある。まのインターバルとしての客観的な側面を押し進めれば、まはあいだとなるだろう。「二人のあいだ」と言ったときには、「二人のま」のような、直接相対する緊張や張力のような関係は感じられず、やや抽象的で、その場に拘束されない関係性を指しているように思われる。「間柄」という表現は、その場で対峙する人間同士の関係ではなく、社会的な役割を含んだ、持続的な関係性を指している。また、あいだの方がより空間的であり、まの方が時間的な意味合いを強く持っている。しかし、それでも、あいだは、単純に時空間的な距離を指すにはとどまらず、まと同じく二つの物が距離を持ちながら結びついている現象を指している。しかし、あいだは、まよりも、緊張や持続、力を想起させる度合いが弱いと言えるだろう。

それでも「ま」と「あいだ」はまだニュアンスの違いに尽きるとも言えるが、「あわい」と「はざま」は、明らかにそれらとは異なる意味を持っている。もちろん、「あわい」も、辞書を引けば、古代の和歌の中では「物と物のあいだ」「時間と時間のあいだ」「人と人のあいだ」という意味で用いられていることが分かる。しかし、あわいには、「色の取り合わせ、配色」というそれ以外の意味がある。あわいは、ある色を他の色から区別する境界線や接触面の意味を持っている。あわいには、まとあいだにはない接触のニュアンスが含まれている。それは、事物や出来事のあいだに引かれた境界であり、隔たりによって二つの領域を分節化すると同時に結びつけもする動的な閾《しきい》を言うのである。言うならば、あわいは、出会いと別れ（分離）を拮抗させ、配置する力のある帯である。あわいは、光と影のあいだであり、それはいわば生と死のあいだにも比することができるだろう。

はざまは、「狭間」「迫間」「硲」とも書くことから、物と物のあいだ、出来事と出来事のあいだを意味する点ではこれまでの言葉と同じであっても、より狭い、切り込んだ、差し入った風景を感じる言葉である。実際に、辞書の上では「はざま」の第二の意味は、「谷」「谷間」である。物と物の狭くなった空隙、落ち窪んだあいだ、狭く切り込んだあいだ、小穴、隙間、境目を意味している。城壁や石垣などに設けられた矢や鉄砲を射る穴も「はざま」と呼ぶ。はざまには、奥行きのある空隙、しかし根底において両端のものがつながっている空隙というイメージがある。また、それは、「雲のはざま」と言うように、何か別の出来事が生じるには、やや狭すぎ、短すぎる印象を与える。「生死のはざま」といった表現では、生と死の二つの大きな世界を分ける狭く瞬時の境界を指している。「時代のはざま」とは、二つの大きな長い歴史の流れが瞬時に切り替わるようなタイミングを言うのだろう。

あわいやはざまは、まやあいだのように何かが生まれてくる空隙というよりは、物と物、出来事と出来事が切り替わる瞬間を指しているように思われる。あわいが接触的で、やや平面的な印象を与えるのに対して、はざまは深さと狭さを持ったクレバスのような、切り込んだ深みの印象を与える。

ま、あいだ、あわい、はざまには、こうしたニュアンスの違いがありながら、そのどれもが単純な時空間の空隙を意味してはいない。そこに見出せるのは、複数の物や人、出来事のあいだを、距離を保ちながらつなげるような、あるいは、結びつけながら間隙を穿つような、ダイナミックでありながらバランスを保っているような現象である。この現象をうまく言い表しているのは、「不即不離」という言葉であろう。「間（ま、あいだ、あわい、はざま）」は、引きつけると同時に引き離し、分けると同時につなげ、連続すると同時に非連続とし、始まると同時に終わるような、そうした対抗する力が動的に均衡している様子を指す言葉である。

## 3　間合いの概念

「間合い」とは、「間」に「合わせる」ことである。それは辞書的には、単純に「隔たり」を意味することもあるが、むしろ「適当な時機」「正しい距離」「適切な時間取り」を言う。たとえば、「間合いを取る」と言えば、ただ距離を取るではなくて、「適切な」距離を取るという意味である。「間合いを測る」とか「間合いを詰める」といった場合には、正しい、適切な隔たりを測り、そのあるべき隔たりまで寄せるという規範的な意味合いを持っている。

ただし、ここで注意しておかなければならないのは、「間合い」という言葉は、人間同士、少なくとも生物同士の関係にしか用いられないことである。人間と無生物のあいだのまについて語ることはできても、そのあいだに間合いがあるとは言えない。「（他の演者との）間合いを測って鼓を打った」

とか、「二頭のエゾジカはじりじりと間合いを詰め合った」という表現は可能でも、「時間と時間の間合い」とか「電車と電車の間合い」などの言い方は変である。間合いとは、相互に間を変化させられる、すなわち、合わせる能力を持った者同士にしか、あてはめられない概念である。合わせる能力を持つとは、自ら動けるだけではなく、相手との適切な距離あるいは範囲、言うならば、一種のなわばりや支配圏を必要としていることを意味している。

間（あいだ、ま、あわい、はざま）は、絵画における空隙、建築や庭園における空間、音楽における空白や拍子など、日本の伝統的な技や芸術、芸能において最も重視される要素である。間はダイナミックな現象であり、単純な距離というよりは、隔たりとつながりを実現する一種の運動である。

このことは、間合いにおいてより顕著に現れる。間合いは、何よりも、能や音楽のようなパフォーマンスを伴う芸能、剣道や空手のような武道・格技、あるいは落語のような話芸で最も頻繁に用いられる言葉である。日本における芸とは、身体の運動をもって芸術的価値を創造する活動である。それは制作行為であるよりは、観客に直接に向けられた身体パフォーマンスである。それらのパフォーマンスでは、いかに適切な距離や間隔を作り出すか、それをいかに保つかの技が競い合われる。それは、何かを生み出すための適切な無をパフォーマンスの最中に創造するということである。

## 4　本書の目的と展開

以上のような概念分析に基づきながら、身体を使った技・技術、すなわち、とりわけ日本の古典的なパフォーマンス芸術である能と武道、さらに、庭園散策に注目し、そこにおいて、間（あいだ、ま、あわい、はざま）という現象がどのように経験され、間合いという対人的やり取りがどのように働いているかを探究することが本書の目的である。本書において最終的に目指しているのは、中村雄二郎(5)が構想し、近年では、山崎正和(6)が提案していたリズムの哲学を、身体論的でダイナミックな観点からさらに展開することである。したがって、間合いという身体的な現象が、リズムという宇宙に遍在する存在論的現象とどのようにつながっているのかが焦点となる。

本書では、確かに、能や剣道、日本庭園といった、いわゆる日本の伝統的な文化を扱っている。しかし先に述べたように、間と間合いは、どの文化や社会の中にも見出せる普遍性を持った現象でもある。本書は、日本文化論を主題としているつもりはない。剣道も能も、日本庭園も、世界中のさまざまな人たちから愛されている。それらを愛する人と無関心な人の志向の違いは、国境線とは無関係である。そして、本書での分析がさらに広い範囲の文化的・芸術的活動の理解に応用できることを筆者は願っている。

この分析のための方法論として、本書では生態学的現象学という立場を採用する。詳しくは次章で説明するが、とりわけジェームズ・J・ギブソンの「共鳴《レゾナンス》」の概念、生態心理学者のエドワード・リードの「促進行為場」や「充たされざる意味」という概念に依拠しつつ、身体相互の流動と交流を制御するモーメントとして間の働きに注目する。本書では次のように議論を展開する。

第1章では、生態学的現象学の立場を説明する。これは、エトムント・フッサールに始まる現象学の発想と、ジェームズ・J・ギブソンの生態心理学を融合させた哲学的な立場を指している。現象学の志向性と生態心理学のアフォーダンスが、動物と環境との関係を考えるときには相補的であることを強調する。また、いま述べた「共鳴《レゾナンス》」「促進行為場」「充たされざる意味」について説明し、以降の間と間合いの議論を実証的に捉えるときの視点を提供する。

第2章から第5章までは、間と間合い、その根本原理であるリズムについての哲学的な議論が続く。

第2章では、技術における型と音楽的本質の関係について論じる。最初に、科学哲学者の三枝博音のテクノロジー論と日本思想史家の源了圓の型の思想を比較する。そこで明らかになるのは、いかなる技術も生命的で身体的な過程であり、テクノロジーと身体性は連続している点である。しかしながら、源は、技術における型の役割を重視しすぎている。そこで、剣道と能における型の役割について改めて考察する。型は技術の全体的音楽性に組み込まれ、それを勢いづかせるリズム性を獲得しなければ、技術たりえないことを指摘する。

第3章では、間合いとリズムの関係について、世阿弥と柳生宗矩の文献を解読しながら考察を深めることにする。間合いとは、間を取り合う、二人称的なインタラクションである。能における「せぬ隙」という無心で行う間の取り方によって、観客の身体もその空隙に引き込まれる。こうした演者と観客の独特の間のあり方を、精神科医の木村敏が指摘する、統合失調症において不調をきたす二人称的関係と比較する。次に、新陰流の開祖の一人、柳生宗矩の武芸における間合いの考えを取り上げ、能や臨床場面における間合いと重ねて考察する。能、臨床医学、武芸のどれにおいても、全体の流れとしての音楽性とリズムが、よい間合いを取るための鍵となる。そして、最後に、ルートヴィヒ・クラーゲスなどの理論を頼りに、リズムについての哲学的考察を行う。とりわけ、クラーゲスの拍子とリズムの違い、「類似したものの再帰」としてのリズム概念は非常に重要である。

第4章では、世阿弥の「秘すれば花」という概念と、それが深化した「離見の見」の概念に見られる、リズムの身体性と宇宙性について解釈する。離見の見とは、演者と観客とが共有する心を持つことであるが、それはどのように可能なのか。離見の見が、役地という能独特の科白回し――演者自身が自分の行為や状況を三人称的に説明すること――と同じ仕掛けであることを分析し、能における一人称、二人称、三人称の交錯したあり方を見ていく。能においては二人称が根源的である。花や離見の見という理想が示しているのは、観客を演技の中に引き込むことによって、一人の人間の実存を舞台の上で開陳することである。最後に無心という概念について独自の解釈を示すことにする。無心とは、物乞いであり、ねだることであり、せがむことである。この一見すると不甲斐ない振る舞いにこそ、無心の真実がある。

第5章では、それまでの間合いとリズムの現象に関する考察を通して、新しい自己観・身体観を提示する。それは、リズムを宇宙と人間の身体を共通に編んでいる元素のように考える立場である。あらゆるものは、リズムを変換しながら他へ伝えていく媒体であり、人間の心と呼ばれるものも、身体と環境の間に生じるリズムである。身体はリズムを刻む流体として理解される。身体は環境に浸っている。環境は卵のようなものであり、身体はその中から形をなしてくる黄身である。また、環境に浸って生きる存在として植物の生を取り上げる。アリストテレスは、植物にも魂を認め、魂と生命を区別しなかった。現在、求められているのは、こうした命と接続した心の概念である。自己とは、環境という流体の中に生じる気象や潮流である。自己についての研究は、心理学ではなく、気象学や潮流の海洋物理学に相当するのである。

第6章では、第1章の生態学的現象学の立場を踏まえながら、身体と環境についての気象学的・海洋物理学的アプローチを結論として提示したい。まず、日本庭園を遊歩する経験に環境と身体との交流のモデルを求める。日本庭園は過程的で時間的であり、「移り際（境）」や「切れる（納る）」といった契機が埋め込まれ、散策をすることで風景がリズムを持って現れる。それは、間合いの空間的で運動的な表現である。日本庭園の空間配置をイメージしつつ、最後に、生態心理学の「共鳴」「促進行為場」「充たされざる意味」といった概念を使って、これまで哲学的に論じてきた間と間合いの経験を記述する。他方、この結論では、生態心理学の今後の発展についても示唆を与えるつもりである。

生態心理学は、知覚の理論を中心として展開されてきたが、ギブソンの心理学は根本的には行動主義である。アフォーダンスの理論は、行動の説明として用いられねばならないが、それを補う原理的な描像として、身体とその運動、そして環境を気象学的・海洋物理学的に捉える見方を提起する。

**注**

（1）山下尚一（二〇一二）『ジゼール・ブルレ研究――音楽的時間・身体・リズム』ナカニシヤ出版、一二八―一二九頁
（2）エレナ・マネス（二〇一二）『音楽と人間と宇宙と』柏野牧夫・佐々木千恵訳、ヤマハ・ミュージック・メディア、二三二頁
（3）たとえば、南博編（一九八三）『間の研究――日本人の美的表現』講談社、剣持武彦（一九九二）『「間」の日本文化』朝文社
（4）小倉朗（一九七七）『日本の耳』岩波新書
（5）中村雄二郎（二〇〇〇）『中村雄二郎著作集第二期1　かたちのオディッセイ』岩波書店
（6）山崎正和（二〇一八）『リズムの哲学ノート』中央公論新社

# 第1章　生態学的現象学とは何か

## 1　現象学の目的

本書では生態学的現象学の視点から間と間合いという現象を探究する。これはどのような立場であり、方法なのかを説明しよう。生態学的現象学とは、アメリカの心理学者、ジェームズ・J・ギブソンの生態心理学（ecological psychology）と、ドイツの哲学者であるエトムント・フッサールに始まる現象学を融合させた立場を指している。

現象学は、二〇世紀初頭にフッサールによって創始された哲学である。それは、私たちが経験しているままに世界を記述し、世界の中のさまざまな対象がどのような意味を担っているかを主体の視点から理解しようとする立場である。

現象学をフッサールが考案したのは、当時の人間科学への危機意識からである。物理学が大成功を収めた二〇世紀初頭では、物理学と同じ方法によって人間の心理を解明しようとする生理学や神経心理学などの精神科学が登場してきた。しかし自然科学的な方法は、人間の経験を量的・数学的に扱うばかりで、そこからは日々私たちが経験している意味が抜け落ちてしまう。フッサールは、人間を研究するためには、自然科学的世界から「生活世界」へと回帰する必要があると考えた。生活世界とは、私たちが日常生活を送っている、意味に満ちた世界である。

フッサールの晩年の思想を受け継いだマルチン・ハイデガーやモーリス・メルロ＝ポンティが任務としたのは、科学理論による画一化や一般化からは見逃されてしまうような、それぞれの個人的な経験を救い出し、それらの意味を記述することである。現象学の研究対象とは、具体的な場所と時間に拘束されながらも、その制約を超えようとして生きている個々の人間である。

では「意味に満ちた世界」とはどのような世界であろうか。たとえば、現在の外気温が摂氏三八度であるということは、自然科学的な計測方法に基づいて測られた数値である。しかし多くの人間にとってこの温度は「暑い」と知覚される。もちろん、本人の体質や体力、慣れ親しんでいる気温によってさまざまに、たとえば、「我慢できないほど暑い」から「やや暑い」といったように、異なって知覚されるであろう。私たちの感覚器官は、自分自身と環境との関係を知るようにできている。これは、科学的な気温測定のように、分子の運動量を基準にして外界を測定することとはまったく異なる計測法である。感覚すること、知覚することは、自分の身体を基準として外界を測定することである。

私の身体の大きさも形状も材質も、すべて環境との相互関係の中で、環境から意味を与えられ、環境に意味を与えている。身体の大きさなどによって歩いて渡れる川の深さは異なってくる。物理的には同じ深さの川が、ある人には移動可能な通路であり、ある人には越えられないほどの溝となる。身体の大きさによって移動するための地図が異なってくる。私の身体の匂いは、林の中の小動物を警戒させるかもしれないし、足音は多くの鳥を怯えさせるかもしれない。人間存在は、否応なく、環境に一定の影響を与え、環境から一定の影響を受けている。環境は、私たちの身体にとって無数の意味に満ちている。そして、人間の身体も、環境にとって、環境の側の反応を引き起こす意味を持っている。

しかし身体はただ存在し、知覚するだけではなく、運動し行動するものである。いまあげた例の中にもすでに、運動と環境の関係が含まれている。感覚知覚の中にも運動や行動への示唆が含まれている。たとえば、先ほどの「我慢できないほど暑い」という私の感覚は、外界についてのただの認識というよりは、その暑さを避けるために何かをすべきであるという行動への促しであり、シグナルである。ひどく暑いと感じることは、あまり長時間活動できないこと、涼を取るべきこと、水分を補給すべきことを暗示している。あるいは、ある川を「浅い」と知覚判断することは、泳ぎの得意な私ならば、このくらいの流れの川であれば、対岸まで泳ぐことは難しくないことも含意している。しかしもちろん、体力に劣る人や、水泳の不得意な人には難しいだろう。

環境は、身体の能力や技能によって、異なった意味を持って知覚される。私たちは自分の身体とその能力によって、それぞれに世界を意味づけている。環境は、純粋に認識や鑑賞の対象として現れる以前に、潜在的な移動の場所、行為の場所、行為の対象として意味づけられて現れるのである。

## 2　志向性とアフォーダンス

現象学では、自分との関係で対象を意味づける働きを「志向性」と呼ぶ。自動車の運転席の前にある丸い輪を「ハンドル」としてみなすのも、志向性の働きである。ただし、この志向性は、現象学によれば第一に「運動志向性」である。すなわち、私たちは、自分の運動や行動の関連物として対象を見ている。目の前の対象を「ハンドル」として志向したということは、その輪を「左右に回転させることができる、自動車の方向を定める操作器」として扱うことである。私たちは、世界の中の対象に対して、「それに何ができるのか」「どうすることができるのか」という行動の文脈において意味を与えている。この運動志向性は、現象学によれば、世界を実践的に把握するための私たちに備わった能力である。

こうして現象学は、私たちと世界との根源的な絆は、運動する主体とそれに応答する世界との関係であることを主張する。この現象学の視点は、ジェームズ・J・ギブソンが創始した生態心理学（エコロジカル・サイコロジー）、とくに「アフォーダンス（affordance）」の概念と呼応し合う。

生態学的現象学とは、生態心理学と現象学の視点を融合した立場である。その基本的な方針は、人間の心理現象を、主体と環境とが行為の中で循環的な相互関係を打ち立てていく過程として理解する点にある。生態学的現象学は、現象学に内在していた主体と環境の相補性という考え方を、ギブソンの生態心理学と結合させることによって、実証的な研究と手を結びながら推進していこうとするものである。

生態学《エコロジー》とは、もともとは動物の活動を環境との相互関係によって捉える生物科学のことを言う。ギブソンは、この観点を心理学に導入して、人間の心理現象を環境との相互関係において捉えようとした。それぞれの生物は、それに見合ったニッチ（生態学的棲み家）に生息し活動している。同様に、人間のどのような能力もそれに見合った特定のニッチの中ではじめて機能する。生物と環境とは不可分の対《つい》をなしていて、その能力を環境から切り離して論じることはできない。

「アフォーダンス」という概念は、ギブソンの造語で、動物の存在や行動と対をなす「環境の側の生態学的特性」を指す。(1) アフォーダンスとは、動物の環境への働きかけに応じて、環境の方が動物へと返してくるもの、環境が動物へ提供するもののことである。それは、動物へと送り返してくる環境の側の潜在的な反応だと言い換えてもよい。

たとえば、ベニア板は、小さな子どもなら乗っても割れないだろう。ベニア板は、子どもには「支え」をアフォードする。だが、体重のある大人にはそうではない。厚い漆喰でできた障壁は、人間にとって移動の妨害をアフォードする。自分が握れる大きさの物は、投げることをアフォードする。どのくらいの大きさの物まで握れるかは、手の大きさで決まってくる。穴は身を隠すことをアフォードする。身を隠せる穴がどれくらいかは、身体の大きさと相関する。

アフォーダンスには、有益な物もあれば、有害な物もある。トウモロコシは多くの人に栄養を与えてくれる。しかしアレルギーのある人にとってトウモロコシは、毒の一種であり、病をアフォードする。蛇に近づくと噛まれる。蛇は噛むこと（蛇の種類によっては毒）をアフォードする。ひとつの物が有益有害の両方のアフォーダンスを持つこともある。

アフォーダンスは、動物自身の存在や振る舞いが環境に変化を引き起こし、その変化が今度は再帰的に動物に影響を与えてくる循環的過程を表現している。たとえば、薄いベニア板は、「その上に乗る→割れて落ちる」ので落下をアフォードし、分厚い板は「その上に乗る→そのまま乗っていられる」ので、支持をアフォードする（もちろん、体重によってどの程度が「分厚い」のかは変化する）。

ギブソンによれば、アフォーダンスとは環境の持っている「意味」であり、「価値」である。アフォーダンスの意味とは、対象が私に対して働きかけてくる作用であり、効果のことである。環境にとっては、私の方がアフォーダンスを提供する側になる。

ただしアフォーダンスについて、誤解を生じやすい次の三点に注意すべきである。第一に、環境がいかなるアフォーダンスを提供するかは、個体に依存することである。小麦粉は多くの人には栄養をアフォードするが、アレルギー体質の人にとっては毒の一種である。もちろん、小麦粉が危険であるのは、主観的な思い込みではない。

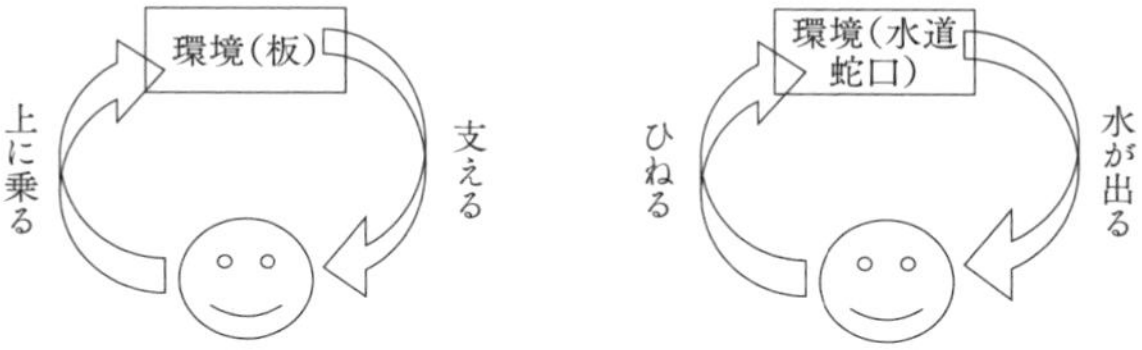


**図1**　アフォーダンスの循環的因果

第二に、アフォーダンスにおいては、自然的なものと人工的なものを区別する必要がないことである。ギブソンはこう述べる。「実際の郵便ポストが（これだけが）、郵便制度のある地域では手紙を書いた人間に、手紙を郵送することをアフォードする」[2]。郵便ポストは、そこに手紙を入れることで郵送をアフォードする。水道は、蛇口をひねると飲料水をアフォードする。郵便ポストや水道は社会的・人工的に維持されている機構である。しかし、アフォーダンスの概念は、提供する側のメカニズムを問題としない。アフォーダンスは常に使用者の側から理解しなければならない。

第三に、アフォーダンスとは、環境からの規則的な反応ではあるが、絶対に確かな法則的反応とは言えないことである。ある働きかけを動物がしたからといって、かならずしも同じアフォーダンスが生じるとは言えない。いまあげた例で言えば、私たちの社会では、ほとんどの場合にはポストは郵送をアフォードしてくれる。しかし絶対に、とは言えない。水道も同様である。生じる蓋然性の非常に高い、ほぼ法則的と考えてよいアフォーダンスがある一方で、生じる蓋然性が低いアフォーダンスもある。後で述べる社会的アフォーダンスは、蓋然性の比較的に低いアフォーダンスである。

アフォーダンスは環境中に無数に存在し、動物が環境に有効に働きかけているときには、アフォーダンスがかならず存在している。主体の側の行動とアフォーダンスは常に対をなしている。アフォーダンスを知ることは、環境に対して自分がどう行動すればよいかを知ることである。同時に、自分が環境に与えているアフォーダンスを知ることは、自分自身が環境にとってどのような存在であるかを知ることでもある。アフォーダンスを知覚できるようになるとは、自分が環境にどう働きかければ、環境からどのような働きが返ってくるのかという帰結（効果）を知覚できるようになることである。これが、アフォーダンスが生態学的であるということの意味である。

現象学で言う運動志向性は、環境の側のアフォーダンスを相関項として必要としている。「私が何かをできる」には、環境の側がその能力を支えるアフォーダンスを提供する必要がある。たとえば、「私は泳ぐ」という場合には、自分を浮かせる相当量の水（川、海、湖、池、プールなど）が必要である。その水はあまりに少なかったり、あまりに急流であったり、あまりに冷たかったり、あまりに熱かったりしてはならない。「私は何かができる」という事態は、主体と環境の共同作業として成り立つ。駅の券売機が自分に何をアフォードするのか、これこそが券売機の意味である。券売機のアフォーダンス（お金を入れてボタンを押すと、切符をアフォードする）は、「私は（切符を買うことが）できる」ということの相関項である。アフォーダンスは、「私はできる」という私の側の能力を支えてくれる環境の側の性能である。

現象学における運動志向性の概念と、生態心理学のアフォーダンス概念は、人間の心理現象を理解するのに、相補的な役割を果たす。環境は、私たちの行為を可能にしてくれるアフォーダンスを持ち、私たちの志向性はアフォーダンスによって足場を与えられる。現象学的な記述とは、ある個人が、どのような環境のアフォーダンスを認識し、それをどのように利用して生きているかの記述である。こうした経験の世界こそが、私たちを取り巻いている生活世界であり、これは従来の自然科学的な測定によっては決して捉えることができない世界である。

## 3　社会的アフォーダンスと間合い

本書で最も注目するのは、「社会的アフォーダンス」である。ギブソンによれば、環境が提供するアフォーダンスのうち、最も複雑で豊かなアフォーダンスは、他の人間によって与えられる。「他人がアフォードするものは、人間にとってあらゆる種類の社会的意味を包含している(3)」。性的行動、養育行動、闘争行動、協働的行動、経済的行動、政治的行動などのさまざまな行為は、自己と他者のアフォーダンスの相互作用で成り立っている。人間同士の相互作用においては、一方の行為が他方の行為を引き出し、その役割が交代し、循環する。社会的相互作用とは、この循環関係のことである。ギブソンは次のように述べる。「動物や他人は、触れれば触り返すし、叩けば、叩き返す。つまり観察者と相互に関係し合う。行動は行動をアフォードする、心理学および社会科学の全体的問題は、この基本的事実の精緻化であると考えることができる(4)」。

ギブソンは、社会的アフォーダンスの理論を展開しなかった。社会的アフォーダンスは計量化しにくいため、これまで生態心理学の世界でもあまり研究が進んでこなかった。しかし社会的アフォーダンスは以下の三つの側面から研究が可能である。(5) すなわち、①対人関係的アフォーダンス、②社会制度アフォーダンス、③社会環境アフォーダンスである。

対人関係的アフォーダンスとは、ある動物が自分に一定の反応を返してくるアフォーダンスである。先にギブソンが列挙した、性的行動、養育行動、闘争行動、協働的行動、経済的行動、政治的行動などがそうである。ギブソンによれば、「これら〔社会的行為〕の相互的なアフォーダンスを知覚することは、非常に複雑であるが、にもかかわらず規則性があるし、感触、音、臭い、味、そして包囲光の情報の抽出にもとづいている(6)」。次の社会制度アフォーダンスとは、社会制度が規範的に対人関係的アフォーダンスを制御している場合を言う。社会制度は、それに従う個人の行為を拘束し、その選択の範囲を制限する。同時に、社会制度は、他者の振る舞いの予測を容易なものにする。法律や慣習、エチケットは、典型的に社会制度アフォーダンスである。最後の社会環境アフォーダンスは、社会的・公共的空間における人工物・構築物が人間の行動を制御するアフォーダンスであり、それにより一定の社会的関係が維持される。アフォーダンスの制御によって、人間行動を管理することもできる。ファストフード店の硬い椅子は、そこに長居できないことをアフォードしている。

間合いの研究において重要なのは、対人関係的アフォーダンスと社会制度アフォーダンスである。しかし、間と間合いは、おそらく制度面からは多くの制約を受けない。その意味で、間合いは生命同士の直接の営みである。あるいは、間合いは、根源的に一・二人称的な視点から成立する関係だと言

うべきかもしれない。(7)

## 4　促進行為場と充たされざる意味

この生態学的現象学の視点は、人間の発達に関しても有効な視点を提供できる。生態心理学者であり哲学者でもあるエドワード・リードは、「促進行為場（field of promoted action）」という注目すべき概念を提示した。私たちを取り囲んでいる環境は、さまざまな形で人工的に制御されている。ひとつは「自由行為場」と呼ぶべき、自分の望むように自由に行為できる場所である。そこには、自然が配置したアフォーダンスしかない。

これに対して、促進行為場とは、「他者が子どもに利用できるようにしたり、子どもに向けて強調しているすべてのアフォーダンスが含まれ、他者が子どもに禁じているアフォーダンスが排除されている場である」(8)。促進行為場は、人間の発達を強く後押しする場であり、力である。そこでは、子どもが行為をすることで、有効に応答してくれる環境が配備されている。人間は自分の行動を有効にするために、環境を整備する。促進行為場とは、他者によって環境のアフォーダンスが整備され、自己の行為の成長が加速される場である。

促進行為場は、「充たされざる意味（unfilled meaning）」に満ちている。私たちはある環境に置かれたときに、その環境が備えているものを即座に個別的な意味として理解するのではない。それに先立って、環境に何かの意味があることを一般的に仮定して行為を開始する。本や文章の意味がはっきりと分かる前から、子どもたちは、そこに言語的な意味の源泉があることを知ることなく、知る。そのいわば、先立っての理解や予感といったものが、言語的な活動に体系的に身体を参入させるのに重要な役割を果たすのである。「ここには、何か、重要なものがある」という漠然たる直感、すなわち、環境の充たされざる意味の知覚が、その後の認識と活動をリードする。それは「知る前に知る」ことであり、行為の仕方を学習しながら行為することである。促進行為場とは、充たされざる意味に満ちた環境であり、そこでの行為はその意味を満たしていく学習の過程である。

この促進行為場と充たされざる意味は、人間科学の重要な問題解決の糸口となると考えられる。文化の学習に関して、これまで人間科学は二つの立場に分かれてきた。ひとつはある文化の人間は他文化を理解できないという相対主義的な立場であり、もうひとつは人間の諸文化に、生理や遺伝に根ざした普遍的なものがあるという主張である。このどちらもが見逃しているのが、充たされざる意味の現象である。

私たちは、自分にとっての、最初の文化を身につけるにしても、充たされざる意味に満ちた場に引き寄せられ、徐々に意味を満たしていくことで学ぶ。ある文化的なもの、たとえば言語について、完全に学んでいるか、まったく学んでいないかであるならば、言葉を学ぶことなどできない。音声による何らかのやり取りがなされている場に身を浸し、徐々にそこでの振る舞い方を分節化していくのが言語の学習である。異文化間の交流が可能であるのは、生得的な言語モジュールを人類が共有しているからではなくて、その場の促しに応じながら、手持ちの相互行為の方法を相手の方法と協働できるまで、人間関係を調整できるからである。

これは、リードも指摘するように、ブートストラップ・アプローチと呼ばれる環境への対処の仕方である。ブートストラップという言葉はさまざまな分野で用いられるが、ここでは、詳細な計画を事前に立てずに、まず環境に飛び込み、手持ちの方法や道具を利用しながらその場の変化に敏感に応答していく方策を指す。

本書では、間を、充たされざる意味が漂う時空間の現象として解釈し、間合いをその場を徐々に意味で満たしていく相互行為として理解するのである。

## 5　共鳴《レゾナンス》としての知覚

最後に、生態心理学の知覚理論の特徴について述べておこう。

主流の認知科学では、知覚とは、脳内に蓄えられた知識や記憶によって、感覚データを知覚像へと加工し、構成する過程だと信じられている。しかし、すでにさまざまな機会で紹介されているように、生態心理学にとって知覚とは、世界を脳内で表象（再構成）することではない。知覚とは、内的表象を制作することではなく、環境に向かう行為である。動物は直接に世界を知覚する。この考え方を直接知覚論といい、知覚とは感覚データを脳内で加工することだと考える間接知覚論と対立する。

この立場にとって知覚学習とは、環境中に存在するすでに豊かな情報を検出する能力を上げていくことである。それは、繊細に、素早く、多様に、情報を検出する能力が向上することである。知覚とは、必要な情報を特定できるように、自らの知覚システムの感度を向上させ、環境にチューニングしていくことである。

ギブソンは、知覚とは、環境との「共鳴 resonance」、あるいは、「共調 attune」であると主張する。[9] 共鳴あるいは共調とは、あるシステムが特定の周期で働きかけを受けたときに、その周期性に比例する形で振動を増幅させる現象を言う。ギターの弦を引くときには、そのギターのボディが固有の響きを持って弦の振動に共鳴する。この現象が生じるのは、弦とボディが振動数を共有しているからである。この物理的な共鳴現象をモデルとして知覚を理解するならば、知覚とは、環境と生物という二つのシステムが、ある特定の変数においてカップリングして、同期的に振動することである。知覚とは、そのような共振を起こすように、知覚器官を環境の「振動」にチューニングしていくことである。ギブソンが主張するには、脳が万華鏡のように変転する感覚の流入から客観的な情報を構築したり、計算したりするのではなく、脳が知覚器官をどのように方向づけるかを制御しながら、身体という出入力システム全体が外界の情報に共鳴するのである。知覚とは、世界の波動に身体を共振させる調整行為なのである。

知覚を共鳴として捉える考え方は、生態心理学においても普及しているわけではないが、近年、改めてこの概念に注目する研究者が出てきている。[10] 身体が環境と共鳴するといっても、複雑な構成を持った生物は、線型的・比例的に共振するわけではない。すなわち、生物システムは、情報の中心的側面、他の側面、変数に応じて、同じタスクを行っているときでも、複雑で、複合的な共振を起こしている。それゆえに、生物の反応は、複雑であり、非線形的（非比例的）である。

また、生物システムは、メタ安定的な関係を、知覚情報との間で維持することがある。生物は、目的行動を行っているあいだに失敗を犯すと、必要な情報を探索して、行動を成功へと導こうとする。さまざまな情報を検出しようとして、生物が探索しているときには、システムが安定している時期と不安定な時期が存在する。しかし、大局的には生物と環境とのあいだには一階上層の安定性が維持されており、それによって異なった情報への共鳴に移行することができる(11)。

共鳴としての知覚とは、環境と身体のあいだに多様なカップリングを作り、環境の多様な情報へとチューニングして、環境のさまざまな側面に応答する行為を準備する過程である。それは、環境の異なった側面へチューニングすることで自らに変化のきっかけを与えようとする機能である。

明確な意図をいまだ持たず、充たされざる意味にあふれた環境の中に身を置きながら、そこでアフォーダンスを徐々に検出することによって自己と環境の性能に次第に同時的に気づいてゆく。環境の中の多様なアフォーダンスに知覚器官のチューニングを合わせ、アフォーダンスと自己の行為のカップリングを成立させる。そうして、自己の行為を環境とやり取りしながら変化させて、目的を達成しようとする。このような生き方が、生態心理学が描き出す生物の姿である。生物が環境という海に身を投げ入れると、それにより環境はアフォーダンスという形で波紋を返してくる。そのさまざまな波紋の重なり合いの中から、自分の身体を共鳴させて環境に応じていく。これが共鳴する身体のあり方である。それは、音楽的・聴覚的なものをモデルとした身体と環境との捉え方である。

音楽民俗学を専門とする山田陽一は、音と響き合い、共鳴する身体のことを「音響的身体」と呼んでいる。「音響的身体とは、音がそこに反響し、共振する場としての身体であり、音によって惹きおこされるさまざまな感覚をつなぐ身体のことをさしている」[12]という。現象学者のドン・アイディが指摘するように、私たちは音に包囲され、音に浸り、音が自分の身体に浸み込んでくる。[13] 音の響きに私の全身が反響し、内部と外部の区別がつかなくなるほどである。さらに共鳴する身体は、同時に音響的な空間の中に広がっていく。その意味で、身体は、外から来た音に憑依され、それによって環境へと拡張してもいる。じつは、光も同様に私たちを取り囲み、私たちを浸し、私たちの身体に浸入してくる。しかし、私たちはこの光の海に自分が身を浸しているという事実を無視しがちである。音の方が、その包囲性と共鳴性に気がつきやすい。

以下では、こうした、身体と環境との共鳴的な関係を頭に思い描きながら、間と間合いについて考えていくことにしよう。

## 注

（1）J・J・ギブソン（一九八五）『生態学的視覚論――ヒトの知覚世界を探る』古崎敬ほか訳、サイエンス社

（2）同上、一五二頁

（3）同上、一三八頁

（4）同上、一四七頁

（5）河野哲也（二〇一三）「海洋・回復・倫理」、河野哲也編『倫理――人類のアフォーダンス（知の生態学的展開3）』東京大学出版会、一―二六頁

（6）ギブソン、前掲、一四七頁

（7）間合いを二人称的に捉える新しい認知科学の動向については以下の論文を参照せよ。Suwa, M.（2019）. "How Could and Should "Maai", Empathetic Relation from Second-Person's Viewpoint, Be Studied?" Takanashi, K. and Den, Y.（2019）. "Field Interaction Analysis: A Second–Person Viewpoint Approach to Maai," Fujii, H.（2019）. "MAAI: Dynamic Equilibrium in Architecture" この三つの論文はすべて、*New Generation Computing*, 37(3) に所収されている。

（8）エドワード・S・リード（二〇〇〇）『アフォーダンスの心理学――生態心理学への道』細田直哉訳、佐々木正人監修、新曜社、二七〇頁

（9）J・J・ギブソン（二〇一一）『生態学的知覚システム――感性をとらえなおす』佐々木正人・古山宣洋・三嶋博之監訳、東京大学出版会、五頁

（10）以下の論文は共鳴の概念を展開しようとしている。Raja, V.（2018）"A Theory of Resonance: Towards an Ecological Cognitive Architecture," *Minds and Machines* 28(1): 29–51. Raja, V.（2019）"From Metaphor to Theory: The Role of Resonance in Perceptual Learning," *Adaptive Behavior*: 1–17.

（11）Kelso, J. A. S.（2012）. "Multistability and Metastability: Understanding Dynamic Coordination in The Brain," *Philosophical Transaction of the Royal Society B: Biological Sciences*, 367: 906–918.

（12）山田陽一（二〇〇八）「音楽する身体の快楽」、山田陽一編『音楽する身体――〈わたし〉へと広がる響き』昭和堂、二一―三七頁、引用は二六頁。

（13）Ihde, D. (1976) *Listening and Voice: A Phenomenology of Sound.* Ohio University Press, p. 75.

# 第2章　技と型、その音楽的本質



## 1　技術の二つの実現――身体とテクノロジー

先に述べたように、間合いは、武道や舞を代表として、日本のさまざまなパフォーマンスに見出される。そこでの間合いの取り方は、ひとつの技術である。能や剣道、音楽において、適切な間を取ることは、本質的な技術である。技術は、一般的に言えば、個人で開発され、社会に伝達され普及し、再び個々人（あるいは小集団）で改良される。そうしたサイクルの中で技は発展する。本章では、技の本質を考察して、それが音楽性にあることを指摘したい。

技とは何であろうか。それは、目的を達成したり、目標に到達したりするための手段や方法だと定義できるだろう。ハンナ・アーレントにならえば、人間の生活は三つの種類に分けられる[1]。ひとつは、最低限の衣食住の獲得を目的とした「労働」である。二番目の「仕事」は、単なる生命維持を超えた人工物を作り出す活動のことであり、建築物や都市などの耐久財の生産、芸術作品のような文物の制作などを言う。三番目の「活動」は、物の媒体なしに人と人のあいだで行われる人間の活動である。活動には、政治やコミュニケーションが含まれる。三つのそれぞれの分野において技術がある。科学技術（テクノロジー）と言えば、自然認識を利用した生産手段と定義できる。これは、労働にも仕事にも関わっているし、情報技術は第三の活動に属するコミュニケーションに貢献している。

本書で注目するのは、第三の活動の領域に関わってくる身体的な技の領域である。芸術は、絵画や彫刻、建築のように仕事である作品の制作に関わっているが、演奏、演技といったパフォーマンスは第三の活動の領域に関わっている。武道は、もしそれがもともとは狩猟から派生したものであるとするならば、労働であったものが活動の領域に属するようになったと言えるだろう。スポーツの技術は、ただ健康の維持増進のためだけではなく、競技性・競争性を含んでいるとするならば、やはり活動に属すると言ってよいだろう。

技術は、日本の現代哲学（二〇世紀以降の哲学）にとって重要なテーマであったし、現代でもそうあり続けている。その理由のひとつは科学技術の導入と、それのもたらす近代化と工業化が哲学者の関心を強く引いたからである。だが、日本の哲学が技術に関心を持っていたのは、そうした側面だけではない。興味深いことに、技術や技というテーマのもとに、身体的な技術、とくに近代以前から存在している日本の伝統的な身体技術も同じ「技術」として、あたかも身体的技術とテクノロジーが連続しているかのように論じられてきたのである。

第二次世界大戦前の一九三〇年代に始まった「技術論争」は、「唯物論のセミナー」での議論が発端となった。近代科学の所産であるテクノロジーをいかに社会が捉えるべきかというテーマのもとで発展し、一九六〇年代まで続いた。この技術論を代表する哲学者は、戦前は、三木清、戸坂潤、三枝博音、岡邦雄など、そして、戦後は、武谷三男、星野芳郎などである。テクノロジーの本質とその発展の捉え方を巡って、現代の技術哲学や科学技術社会論の先駆となるような論議が行われた。

同時に日本の現代哲学は、もうひとつの技術、すなわち、芸術的または宗教的な実践に触発された身体の使用法にも注目してきた。西田幾多郎、和辻哲郎、三木清、鈴木大拙は、戦前から能、剣道、禅仏教の実践などの芸術・武道で用いられる技について多くを論じた。この傾向は、近年の日本では、井筒俊彦、源了圓、湯浅泰雄、西平直、寒川恒夫などの現代哲学者、生田久美子、福島真人などの認知科学者、および菅原和孝のような人類学者によって引き継がれている。

本章で特別に注目し、比較を行いたいのは、三枝博音と源了圓の技術論である。三枝の理論はテクノロジー論であり、源は武道について論じている。テクノロジーと身体技術という大きな違いにもかかわらず、彼らの指摘には多くの類似点がある。テクノロジーと身体技術とが類似しているというのは、何を意味しているのだろうか。以下に考察する。

## 2 三枝博音の技術論

三枝博音は哲学者、思想史家、科学史家であり、戸坂潤とともに唯物論研究会を設立した。彼は一九三〇―四〇年代に、技術についての考察を展開した[2]。

三枝によると、技術には三つの本質的な特徴がある。まず、技術は、目的のための手段であるが、ひとつの過程をなしている点である[3]。技術は、あるものを別のものへと変換するダイナミックな過程である。川を貯水池に溜めて、落差を利用してタービンを回すといった水力発電の過程は、その一例である。三枝は技術を常に試行的なものと捉える。そのため、完成して定式化され、安定してしまった技術には、意味がなくなる[4]。通常、私たちは、技術を固定的で安定した手段と考えるが、三枝によれば、技術には新規性が含まれていなければならない。ここに三枝の鋭い洞察を見ることができる。技術をその現場で捉えるなら、絶えざる改良が行われ、細かいレベルでの調整はもちろん、大きな設定変更さえ頻繁に行われている。先の発電の例にしても、その最終目的であるエネルギーの供給のために、絶えざる改良と調整が行われ、さらに他の発電形態がその中から生まれてくることもある。ちょうど環境に適応する生物が進化するように、技術もつねに変容する過程なのである。

二番目の特徴は、技術とは媒介である点である。技術が媒介するのは、自然と人間ではない。自然法則と人間の意志の媒介である。道具や機器は、すでに自然法則と人間の意志の融合である。三枝によれば、たとえば、楽器やドアノブは生きてはいないが、そこには知性がすでに組み込まれ、知性がその形状と素材と機能に実現されている。ドアノブは、人間の手によって回転させられることでその役割をはたす。いわばドアノブは人間の手によって回転させられることを待っているのである。これはアフォーダンスの理論を先取りした考えである。

また三枝は、動物や植物の器官は、自然の技術であると言う。器官は、生命を維持し生殖するための生産的なツールである。生物の中の諸器官には、すでに一定の目的が付与されている。人間の意識が持ちうる目的や意図は、身体諸器官が最初から持っている目的に依存してはじめて成立する。人間は、自分の身体と道具とをひとつのシステムとすることで新しい目的を可能にしていく。身体と道具とを諸部分として適切に配置し、新しい全体を形成することが、新しい目的を作り出すことである。

人間はすでに確立された技術を克服し、超越する。したがって、技術とは変化へと開かれた過程である。技術は、人間と道具とを有機的に組織する媒介であるが、技術が安定し固定化すると、技術は技術ではなくなる。技術は、人間の意欲を更新するオープンな過程でなければならない。物理的世界は自然法則に支配されているが、人間は身体と道具を結合させ、自らを新しい生物にすることで、自然法則を乗り越え、自由を実現していく。技術のおかげで人間の自由が可能となる。この既存の技術を乗り越えて自由になっていく源泉が「人間的意欲」である。

技術の第三の特徴は、技術が公開的であり、人々によって共有されることである。技術は、別の人に、別の場所に移植可能である。技術は模倣できる。この意味で技術は普遍的である。

## 3　源了圓の型の理論

以上、三枝のテクノロジー論を見てきたが、これを源了圓の型の理論と比較してみよう。興味深い類似性が明らかになるだろう。

源は、日本思想史や文化史の専門家であり、能や剣道における「型」と「形」の役割を考察した『型』[5]と題する本を書いている。源は、型のさまざまな側面について議論しているが、ここでは、技術の問題に関係している「型」と「形」の違いに注目しよう。

源によれば、西洋の「形《フォーム》」には、日本語で言う「型」と「形」の両方の意味が含まれている。形は、視覚的な形態、実際に行動に現れるパターン、または固定的な形式や様式を意味している。他方、型は、事実であるよりは「かくあるべし」という規範を意味している。それは、模範となるような有効で巧妙な行動のタイプ、機能の観点から見た理想的な運動のパターンのことである。型は、単に視覚的・形式的な形であるよりは、意味や機能を担った運動パターンである。形が固定して静態的な形象を指しているのに対して、型はダイナミックな過程を指す。源によれば、型とは、形の形、いわば、さまざまな形で実現され一段階、抽象化された形である。

形は、他の人に繰り返し模倣され、人々に認められると、最終的に文化に定着して規範としての型になる。この意味で型は、誰もが模倣でき、身につけられるモデルである。人から模倣されることで、型は匿名化し、誰にでもアクセスできる公開性を帯びていく。

日本の古典的な芸能では、型を実現するには、三つの要素が必要だとされてきた。すなわち、心・技・体である。ここでの「体」とはもともと心と区別される物体としての身体ではなく、生命体のことであり、生きている身体を指している。この三つの要素がひとつのものとして一体化して働かなければ、型は形成されない。しかし形が型へと発展するには、もうひとつ非常に重要な要素が必要とされる。それは、自分自身の視線をも含んだ、観客あるいは観察者による批判的な視線である（観客の視線については、第4章で能における「離見の見」の概念との関連で論じることにする）。

源の議論をまとめると、日本文化に見られる「型」とは、有効で熟達した行動のための規範的モデルであり、これは心技体の一致の中で実現される。型は、行為やそのやり取りの必然性（剣道では「理法」や「理合」と呼ばれる）を示したものである。しかし源によれば、型が固定し、安定し、約束事のようになった場合、それはもはや進歩せず、形式主義的な形へと落ち込んでいく。型の発展を導くのは、道《タオ》である。型は道の流れの中に位置づけられることで、道のダイナミズムと一体化して、発展進歩していく。その道の運動から切り離された型は、保守的で抑圧的となる。

このように型を理解したときには、それが三枝の技術と非常に類似していることに気がつくだろう。型の身体行動としての模範性と道によるその乗り越えは、三枝における技術とそれの人間的意欲による乗り越えとほぼ同じ現象に思われる。また、型と技術は、それが模倣され普及することで、規範となっていく点においても、その二つは類比的である。型や技術は、一般的には習慣的なものとみなされている。それは同じことを反復して、安定して等しい効果をもたらす働きとみなされている。しかし、習慣とは機械的な反応ではない。それは、心臓の鼓動や腸の蠕動運動、目の瞬きのような不随意な運動とは異なる（これらの運動も実は機械的ではないが）。環境への適応能力を持った生物にしか、習慣は生じない。私たちの習慣的な行動を見ても、じつは一度として機械的な反応を環境に差し出したことはない。いわゆる反射とされる行動でさえ、刺激と反応が直線的に結びついているのではなく、さまざまな条件の違いに敏感に異なった反応を差し出す。不随意運動は、文脈と無関係に自動的に発生する。それに対して、習慣的行動は、それを行うべき文脈に置かれなければ生じない。つまり、一定の方向に向かって進む生命の全体性といったものがなければ、個々の習慣は成り立たないのである。

これは何を意味するのだろうか。テクノロジーの発展と身体的技能の発展のこの類似性は何を意味するのだろうか。見方によっては、テクノロジーは集団・社会の産物であり、他方、芸能などの型は個人が習得したものである。集団的なものと個人的なものを一緒に論じるのは少し乱暴ではないだろうか。しかし三枝によれば、テクノロジーは、身体的で生命的な過程の延長である。あるいは、私たちの身体が最初から技術的であることを意味している。ダーウィンが指摘したように、私たちの身体は、進化の過程で生成された自然のテクノロジーの成果である。私たちの身体は、個体であるとともに集団の産物である。また型も個人が獲得するとは言え、集団によって伝承され、普及したものでもある。テクノロジーも型も、集合的なものを個体が更新していく過程である。その伝達と更新の仕方が異なるだけである。ここには、他者から譲り受けたものを、自分と環境とのやり取りの中で更新していく過程が見出せる。

安定した行動の型やパターンや確かな技術的効果は、自己と環境との絶えざる柔軟な調整によってはじめて可能となる。柔らかい生命的な適応力なしには、本来、複雑で不安定な宇宙では、規則性は得られない。生物の身体も、自然選択という過程を経て得られたとは言え、そうした環境と生物との長い時間をかけた調整の物体化なのである。身体とは物体化した習慣であり、習慣とは身体化の延長である。このことは、テクノロジーには、身体的で生命的な過程が命を与えていることを意味している。テクノロジーの産物たる機械は、それが人間の改造の意欲から切り離されてしまえば、身体の抜け殻にすぎない。身体は、自然が作った型であるが、それは進化の過程、そして技術の生成の過程から切り離されて眺めると、やはり機械のような抜け殻になってしまう。実際に、そうした過程から切り離された身体とは死体のことである。

## 4　型はどれほど重要なのか——剣道における型

以上の観点からすれば、源は『型』という著作の中で、技術の有効性や機能の側面よりも、型としての側面をやや重んじすぎているように思われる。三枝のテクノロジー論が、常識に逆らうように、テクノロジーの有機的でダイナミックな側面を強調していたことと対極的である。それ以前に、源の言う「型」がどのようなものなのか、もうひとつ定義が判然としない。「茶道の型」も、「フィギュアスケートの型」も、「生活の型」も一緒にして論じてしまっているが[6]、本当にそれらは一括できるものなのだろうか。

おそらく源は、技術の教育や修養に強く関心を持っており、技術の公開性や普遍性を重視している。それゆえに、技術をはじめて習うときの型の入りやすさに注目するのであろう。しかしあまりに型の重要性を強調しても、技術を人間的意欲の展開として、あるいは技術を道として捉えている者にはあまり説得力を持たないように思われる。

型とは、模範となるような有効で巧妙な行動のタイプや運動パターンであるというが、剣道の稽古で繰り返し練習されるのは、固定的なパターンではない。剣道の練習でのパターン稽古は、さまざまな種類と状況を想定して何通りも行うのが普通であり、練習相手も常に替える。相手の身体的特徴や運動的特性、反応の個性などといった多様性に応じられなければ有効な打突になりえないからだ。相手、状況、自分の状態のいかなる違いに対しても常に正確に打突できるようにするには、差異を繊細に感じ取り、それに応じて微妙に運動制御できるようにしなければならない。その即応力を学ぶのが稽古である。いや、素振りであっても、安定しない身体を微調整して、狙った場所に振り下ろす即応力を鍛えるためのものなのだ。身につけるべきは、ひとつの型の反復ではなく、同じ結果をもたらすように調整された差異への対処である。知覚を差異化し、身体運動を差異化すること。稽古とは、あらゆる意味で差異化なのである。

昔からの剣道の教えに、「一眼二足三肝四力」という言葉がある。これは剣道で重要な順に、洞察力(知覚力)、足の移動、度胸や落ち着いた心、そして最後に「力」であることを教えた言葉である。この力とは体力ではなく技術力のことである。パターン化された動きを体に覚えさせることの重要性は、スポーツの世界では当然であり、一種の自動性と安定性がむしろ心に余裕と自由を与える。しかしここで言う「パターン」という言葉には二つの注意が必要である。ひとつは、「パターン」が有効に機能するためには、上で述べた差異に対して差異で応じる対応が必要なこと。そして、パターン化された動き、型のある動きは読まれやすく、まさしく「眼」の餌食となることである。試合の直前まで新しく獲得した動きのパターンは、相手に隠しておくくらいなのだ。

格技には、柔道や剣道のように対戦が重んじられている分野と、空手のように流派の型を引き継ぐことを重んじる分野がある。前者では流派は存在せず、後者では明確に存在する。後者の場合には、型は、哲学で言う「構成的規則」になっている。構成的規則とは、それを守ることではじめてその領域が成立するような規則である。たとえば、将棋は将棋の規則を守ってはじめて将棋として成立する。ルールを破れば、将棋ではなくなる。サッカーで、キーパー以外が手を使ってボールを扱えば、サッカーではなく、ラグビーか何かになってしまう。それに対して、「統制的規則」とは、規則とは独立に存在している行為を、規制したり統御したりする規則である。たとえば、車の運転は、交通ルールなどなくてもできる。交通ルールが存在しているのは、安全な運行のためである。

型を重んじる格技では、ある型に沿った動作をすることが、その格技のアイデンティティになっている。そこにおいて型とは、構成的規則となった身体動作のことである。源は、茶道の流派を念頭に置いて、型を維持するために宗派・流派・家元制度ができあがり、そこには美しい型を受け継ぐのに有益な面があったと指摘する。(7)

茶道のような分野については知らないが、柔道や剣道のような、対戦すなわち、試合や地稽古（柔道で言う「乱取り」）を重んじる分野では、結局は対戦において有効でなければ、型も意味をなさない（しかし、茶道も客人が心ゆくまでくつろげなければ、その型には意味などないだろう）。「日本剣道形」の一本目では、相手が左上段に構えたので、それに応じて自分は右上段に構える。相手が歩み足で近づきざまに面に向けて振り下ろしてくるので、自分は半歩退いて刀をかわすとすぐに、面に切り込む。こうしたやり取りのパターンは、対戦においてしばしば発生するやり取りの典型であり、実戦においてもしばしば有効である。

剣道ではいま触れた日本剣道形という太刀の形七本、小太刀の形三本の形が存在し、この型を演武することが昇段審査の一部となっている。「型」という言葉で、剣道の世界においてまず連想されるのは、日本剣道形であろう。日本剣道形が重視されるのは、それが真剣でのやり取りのパターンを伝えているからである。竹刀を使った試合は、打突部位（面・小手・胴・突き）にいかに早くあてるかという俊敏さを競うスポーツとなってしまう傾向がある。そうした競技剣道は、本来の重く薄く短い、容易には振り回せない真剣を使用しての、命がけの立ち会いとはまるで別のものになってしまう。

そうなってしまうと、真剣ならば刃筋が立っていない角度で、丸い竹刀を使ったときだけに可能な打ち方をしてみたり、逆に防御で「三所隠し《みどころ》」といって、竹刀を逆さにして小手面胴を同時に隠したり、あるいは、首をかしげて面を防ぐなどの行為が行われる。これらは、もし真剣であるならば、何の効果もない攻撃や防御であるが、竹刀でのあて合いになった競技剣道では、平気で使用されてしまう。真剣の使用という剣道の根本が蔑ろにされれば、剣道のあらゆる技はその基盤を失う。剣道の最も基本的な構成的規則は真剣の使用にあり、剣道の動作ややり取りとしての型はすべてここから生まれてくる。刀こそが剣道を生み出すのである。

真剣での立ち会いを想定した剣道形は、剣道に本来の刀の使い方を取り戻すものだともされている。それゆえに、剣道形は昇段審査では不可欠とされ、また段位が上がるにつれて重視すべきであるとされる。日本剣道形が重視されるのは、それが、剣道にとって最も本質的な道具の使用法、すなわち刀法を忘れないためである。

しかしじつは、日本剣道形は、奥深く高度な型を伝えるものではないとも言われている。一九一二年（大正元年）に、さまざまな流派から集まった大日本武徳会の制定委員が、中等学校の剣道教育用に基本的な動作を選んで制定したものである。それは、初心者教育用の基本形である。そのために、その時代のいかに優れた委員が選定しようとしても、それらの形を過剰に神聖視することには疑問が投げかけられている。(8)

それは置いておくとしても、剣道を日本刀による切り合いと定めることは、これ自体も構成的規則としての拘束力を持つことになる。剣道が得物（使用する武器）を刀に限定したことは、すでにスポーツ化の表れである。(9) 現在の剣道では、二刀や小太刀を使うことは可能であるが、刀身の長い刀、槍や薙刀、鎖鎌、杖、弓など、かつて戦場で刀とともに使われていた武具の使用は禁止されている。相手が刀で切れる位置よりも内側に入ってしまえば、戦国の世では、投げ技や足がらみ、絞め技などの組み討ちの技を使っていた。これらの組み討ちは、全日本剣道連盟の規則では禁じられている。言うまでもないが、これら複数の武具と組み討ちを使える剣士は、通常の剣道家よりも圧倒的に強いはずだ。

使う得物を限定し、竹刀の長さを規定し、組み討ちを封じたことは、剣道を競技化することである。同じ道具と方法で戦うのがフェアであるという考えは、良くも悪くもスポーツ精神である。定まった型を重視するというのは、もし使用する道具の枠を外してしまえば、成り立たない考えである。

有効なパターン練習が必要であるとしても、もし行為を限定する枠組みが大きく緩くなれば、それだけ多様な型が必要となる。常に新しい型や基本形を生み出していかねばならないだろう。ルール無用の相手に対峙したときにどのように勝てばよいのか。こうした、枠組みもルールも度外視にした刀法がどこかで追求されていない限り、剣道はただのスポーツないしゲームになってしまう。武道とスポーツの違いは、前者がルールや約束事、形式を、一切、想定していない点にある。剣道が武道であるには、そもそも一定の枠組みの中でのみ成立する型など最初から乗り越えられていなければならない。武道の世界では、常識は命取りのはずである。三枝がテクノロジーについて指摘したように、型はより広い範囲の環境に適応しようとしたときに、人間的意欲により乗り越えられる。ルールのない相手に勝つには、無限定の意欲が必要なのである。誠に残念ながら、源の武道観はスポーツ化されているように思われる。

他方で、もちろん、剣道が上で述べたような拡張の果てに、まったく自由な格技になったときには、もはやそれは剣道と呼べないだろう。さらに極端なことを言えば、格技を自由にする考えを拡張すれば、使う武器を、刀、槍や薙刀、鎖鎌、杖、弓など昔の戦国の世のものに設定する必然性はない。銃でも、毒餌でも使えばよいのであれば、剣道は、何をしてもよいことの原型、すなわち狩猟へと戻っていく。武道の根源が狩猟にあるとすれば、その最も基本的な原型は、弓矢や槍、罠などの遠隔的な道具の使用にあり、剣など接近して用いる道具は獲物にとどめをさし、それを解体するためにあったと言えるかもしれない。そして構成的規則をなくした剣の道の最終的な行く先は、形も範囲もない人間同士の（あるいは生き物との）戦いという、もはや戦争ですらない、何のことか分からない活動なのかもしれない。剣の道は狩猟として始まり、武道を経て、最後に食物連鎖からも離れた危険な遊戯となる。

いや、このようにまとめよう。ゲームであるスポーツには、それを構成する規則があり、その規則がスポーツに意味を与え、その根拠のなさ、無底性を支えている。構成的規則を受け入れなければ、スポーツ（ゲーム）は無意味な活動である。他方、武道に最終的に意味を与えているのは、人間の作り出した規則ではなく、人間の生存そのものである。生存すること、狩りをすることが、武道に意味を与えている。したがって、ある特定の武道をその武道たらしめている構成的規則——たとえば、剣道での刀の使用——の底が抜けてしまっても、武道は生存から意味を受け取ることができる。むしろ武道の構成的規則とされているものは、じつはすべて生存の統制的規則に過ぎないのであろう。しかし、構成的規則のない道は意味のない場所に人を連れて行くのかもしれない。その到達地はもはや道の上ではなく、どの方向にも開けている広々とした、ある意味で恐ろしい荒地である。

構成的規則によって作られた世界の背後には、生存の世界がある。しかし生存そのものから意味を汲み取ってこようとする武道には、その背後世界がない。そうなると、そこでは、生存それ自体が遊戯となり、世界そのものが表現となる。意味と存在は合体し、むしろ存在そのものが意味であり、意味そのものが存在であるような、すなわち意味の指示作用が存在しないような、つまり、意味が意味でなくなっているような無底の世界を露出させるであろう。これが武道の最終的な志向性なのである。そこでは、おそらく、人同士が争う必然性もなくなっているはずである。テクノロジーの発展もこれと同じなのかもしれない。

剣道も能も、どこかで人間的な領域を超えることを志向している。それは、構成的規則が存在する前の、無定形で、無規定で、無前提な世界への回帰をどこかで希求しているのではないだろうか。その無定形な世界とは、「遊び」の世界である。折口信夫は、「舞ひを舞ふこと、歌をうたふこと、楽器を奏すること、猟場で矢を放って神霊の憑る鳥獣を獲ること、皆あそぶである」と述べている。[10] 遊びとは、古代においては葬送のときに行われた鎮魂の儀礼を意味していたとされる。能は、戦国の世の怒りや悲しみ、哀れみを表現し、怨念や執念を持つ亡霊を招喚して、鎮魂する劇であるとされてきた。

中沢新一によれば、能はあの世とこの世の境界面で行われる、不穏な芸能であるという。[11] また、剣とその起源にある狩猟が生死に関わり、そこには一連の鎮魂の儀式や儀礼がついて回っていることは言うまでもない。遊びとは、生と死、カオスとコスモスの反転という宇宙的生命のリズムを刻むものである。

歌も舞も演奏、狩猟も、生と死の境界領域で行われる「遊び」であり、それは人間でありつつ人間の枠を超える離脱の行為である。[12] それは生死と宇宙のリズムを司る神々の業の模倣的再現だからである。剣道も能も、この意味において遊びであり、世界という舞台の上での遊びであり、舞いなのである。剣道と能は、歴史的に武士層から好まれたとか、あるいは、身体運動論的にその動きに共通性があるといったことで通底しているだけではない。[13] 武《ぶ》と舞《ぶ》は、もともと語源的に同義である。[14] 武と舞は、根源的には両方とも、遊びとして、呪術として同根なのである。[15] テクノロジーもまた世界を変ぜようとする呪術の延長にあり、人間が人間であることを超えようとする欲求に根ざしている。

だが、武道も能も単なる呪術であることには尽きない。武道も能も遊びの領域に片足をかけているとは言え、神の遊戯というには、あまりに人間的である。武道にも能にも、本質的な構成的規則がある。それは身体の使用である。しかし同時に、武道も能も、人間の生まれつきの個々人の癖や「自然」な動きを、修行を通じて脱色し、普遍的な動きを得ようとしている。その意味で、どこかで人間技を否定する部分が、剣道にも能にもある。しかし、それらが目指すのは、あくまで人間身体を利用した技の実現である。剣道が人間的な身体性を失って、たとえば、人間の身体性を超えたテクノロジーに吸収されたときには、武道は武道でなくなり、敵を倒すという機能だけが残る。したがって、相手を殺傷することが武道の本質であると考えるのはまったくの誤りである。それは戦争ですらない。では、武道がテクノロジーに吸収され、身体性を失うのはどの状態だろうか。剣道や弓道、薙刀のような道具を利用した時点で、身体性を失っていると言うべきだろうか。そうではなく、武道が武道でなくなるのは、他者との身体的なインタラクションがなくなった時点ではないだろうか。武道の構成的規則とは、間身体性にある。武道も能も、対人的で間身体的な間合いの芸道であることによって、単なる呪術や遊戯とは一線を画すのである。そして、武道とは、ここに相手を凌駕するという戦いの要素を加えることで成り立っていると言えるであろう。この意味において、構成的規則とは、世界と生存を遊戯の世界から救い出すための人間の知恵であり、自己救済の方法であるかもしれない。

## 5　能における型

型の思想は、しばしば世阿弥元清に遡るとされている。源もそのように論じている。しかし、能の立場からは、「型」についてのもっと精妙な理解が必要とされることが指摘されている。

世阿弥は数々の能楽論を記しているが[16]、西平直[17]によれば、世阿弥の伝書には「型」という文字そのものはじつは存在しない。横山太郎が見事に分析したように、世阿弥の伝書に型の思想を読み込んだのは、能勢朝次が最初である[18]。そして先に取り上げた源がそれに続く。型は、世阿弥に読み込めるような古典的な概念ではなく、むしろ近代思想の中で要請された概念である。能勢は西田幾多郎の影響のもとで、西洋の心身二元論を超克する「型を通じた心身一如の無の境地」という理念を獲得する。そして、それを世阿弥へと投影したのである。したがって、型の重視は、それが西田の思想ではありえても、世阿弥の思想ではない。

さらに、能の演者からも型の重視に関する疑問が呈されている。確かに、芸道における型は規範性と拘束性を持っている。ある一定の型に拘束されなければ、芸道に入れない。これは、能の型には、構成的規則の面があることを意味する。能の上演は、ある意味では、はじめから終わりまで型の連続であるという。たとえば、個々の行為を単位とした動作パターンがあり、これらの型の連続した集合体が上演だという。動作パターンのいくつかは、「泣く」「笑う」など表意的であるが、その多くは特定の意味を持たない抽象的な動きである。

個々の動作パターンには一種の表現上の必然性、一定の理があり、それゆえに伝統となっている。稽古あるいは習道とは、この動作パターンをどこまでも反復して身につけることである。そのすでにできあがった型の中に自分の身体を差し入れ、典型となった動作パターンに従うことで、自分の個性を脱色する。この超個人的な動作パターンを身につけることは、かえって演技の土台となり、表現を広げることにつながる。したがって、最初は拘束と感じても、型を身につけていけば、それが最も理にかなった身体の動きであり、機能を発揮するのに最も適切な運動であることが実感される。西平の指摘では、ここまでは、世阿弥が「二曲三体」で論じた原則と変わらない[19]。能でも、所作や身振りにパターン化された単位動作があり、この限定された内容を習得すれば、それを土台にして芸が広がっていくという。

しかし、問題は、型が固定された動作ユニットとして捉えられたときに、能の上演全体の流れはどうなってしまうのかということである。同じことは剣道などの武道にも言える。型だけで強くなれるなら地稽古はいらない。現代の伝説的な名人である能演者、観世寿夫は次のように、能における音楽性と舞踊性の根源性について述べている。

したがって能では、言葉一つ言うにも、セリフとしての真実性は生かしながら、調子（音高）やリズムといった音楽性を通して表現することが必要であり、動きの場合も、どんなに物真似的な動作であっても写実に陥らず、体の線の流れとか歩くリズムといった運動法則的なものにのせて動かなければならないのである。

以上のごとく能の演技においては、音楽性と舞踊性は不可欠の基礎であるから、演技のすべてにわたってリズム感というものを無視するわけにはいかない。[20]

能にはご承知のごとく、きわめて単純ではありますが、一曲の筋書きがあります。しかしそのストーリー自体はその曲に入っていくための手掛かりに過ぎないので、曲の進展に従って表面的な筋書きなどはどうでもよくなって、シテの人物にしても、それが芭蕉の精であろうと、式子内親王であろうと、たいした問題ではないといったものになってしまうことが多いのです。そして単純な笛の音、大小の鼓やカケ声やリズム、それにともなった意味のない動き、これらの音と動きの流れに沿って謡われる歌、それは歌というよりも、むしろ一種の呪術的な祈りの言葉に近いものとなるのです。この状態においては、もはや歌詞の意味はたいした問題にならなくなってしまうのです。[21]

能には、先ほど、世阿弥のところで触れた舞歌の二曲と老体、女体、軍体の三体という一種の型がある。観世寿夫の解説では、「舞歌の二曲」とは、カマエ（姿挿し込み勢）とハコビ（運歩）からなる。カマエとは、「前後左右上下に無限に気迫を発して立つ」ことであり、それは、「あらゆる方向から目に見えない力で無限に引っぱられていて、その力の均衡の中に立つ」ということである。そして、そのバランスを崩すことなく、「舞台に一本の線を画くように歩く、すなわち人間の肉体が歩いているということを忘れさせるほど、歩く姿が一本の線になれるようにからだを運ぶ」ことがハコビである。[22]

このカマエとハコビを基本として、サシコミ（シカケ）とヒラキという基本的な動作パターンがある。サシコミとは、ある一点から何歩か前進し、停止する。右手は前進するあいだにからだの前面に出て、運歩が止まるのと同時に静止する。左手は、右手に伴っていくらか前に伸びる。ヒラキとは、左足から歩み足で三歩退き、左右の手は平均した高さで側方へと広げる。[23]基本動作はこれだけである。サシコミとは、カマエのときに全体に広がっているエネルギーを前方一点へと収斂させて前進することである。その透徹したエネルギーは、今度はヒラキによって四方へと発散されて、もとのカマエに戻るのである。

それにしても、この動作を簡単に「型」と呼んでよいものだろうか。「型」という言葉から連想される動作よりも、はるかに奥深く秘められた気迫を必要とするものであり、もはや「型」などという安易な言葉を使えないほどである。動作パターンとしてはむしろ単純である。だが、この単純さこそが、恐ろしいほどの強度の演技を要求していることの印である。その型の表現する意味は不可思議なほどにたくさんある。あらゆるところから引っぱられた均衡の中に立つことや、エネルギーを一点に絞ることは、果たして型という動作パターンに焦点を置いた見方で理解できるだろうか。剣道で言えば、この動作は、最高段位の者の構えと間合いの詰めに匹敵するだろう。最高段位の者は、周囲から得た何かのエネルギーを収束させて、竹刀の先端から発しているかのようにして構え、間合いを詰めてくる。その動作の表面的な形は、動作パターンとして初心者が模倣できても、そのエネルギーを放出しているかのような境地は単純に練習を反復すれば身につくようなものではない。それは、単なる型の模倣の延長線上にあるようなものではない。

## 6　宇宙の流れ、バシュラールの持続批判

観世寿夫が言うように、能の動作は、「呪術的な祈り」によって宇宙のエネルギーを降臨させる以

外に達成しようのない運動である。音楽性と舞踊性が根源的なのは、宇宙の波動とのコレスポンダンスを達成することで、はじめて型が型として成り立ちうるからである。能の動作の型は流れの中にある。それぞれの型がつながり、絡み合い、連鎖反応を起こすことで、そのリズムが大きなテーマの表現へと至る。したがって、宇宙のリズムと一体化した音楽性がなければ、型は気の抜けた運動パターンでしかなくなり、舞としてまったく意味も効果もなさないものとなるだろう。最も単純な型をひとつの型として成立させられるのは、音楽性という全体を身に引き受けた者だけに可能なのである。

能の上演とは、ストーリー、役柄、科白、歌舞の本質的な融合である。型なるものがあるとしても、それを全体の流れを分割した単位と捉えてはならないし、断片を足して全体になると考えてもいけない。能には瞬間的な演技の型などないし、断片的な見事さなど必要ではない。全体を通じて描かれる音楽性こそがその本質なのである。

剣道でも、漫然と、機械的に打突の練習をしてはならない。面を打つ練習にせよ、遠くで構えたときから気合を練り、真剣勝負のように相手の圧する流れの中で打ち込まなければならない。一本一本丁寧に練習すべきであり、そこで意識されるのは同じ動作を行ったかではなく、十分に充実した気勢で打ち切れたかである。その際には、一拍子で打突することが重要だと言われている。一拍子とは早く動作することではなく、止まったり淀んだりすることなく、ひとつの流れの中で一気に打突することである。宮本武蔵はこう言っている。「敵を打つ拍子に、一拍子といひて、敵我あたるほどのくらいを得て、敵のわきまへぬうちを心に得て、我身もうごかさず、心も付けず、いかにもはやく、直に打つ拍子也(24)」。現代剣道においても、一刀流においても、この考えは実践されている。

人物を形象することを能では「物まね」と呼ぶが、その基本は、老体、女体、軍体の三体である。詳細は論じないが、この三体にせよ、役柄を定型化して分類することではまったくない。「演技者は音楽と舞踊に還元された様式をこそ習得するが、その演技を「型」にしばられることからは自由なのである(25)」。稽古とは、演じたいという表現欲求や、本能的・習慣的な個々人の動きの癖などを洗い流すことである。能好きで知られた作家の夢野久作は、「人間の身体のこなしと、心理状態の中から一切のイヤ味を抜いたものが「能」である。そのイヤ味は、或る事を繰返し鍛錬することによって抜き得る」と書いている(26)。夢野の言う「イヤ味」とは、個人が自覚できないでいる自分の身体や心理の不本意の動きや癖、習慣のことであり、これは、観客が演者に自己投影するときに邪魔になるものである。稽古は自分の心身の動きをすべて意識のもとに置きながら、それが過剰な表現意識に引きずられないためにある。よって、稽古は、観世寿夫によれば、その人を型にはめるためではなく、その「演者と曲との、真の人間性を掘り起こすための作業なのだ(27)」。

曲を理解し、自分で解釈し、自分という素材を生かして一曲の能を作り上げる。この創造的な段階になったときに、修練によって一旦否定された演技者の本来の自己と言うべき特性が内側から湧き上がる。それは自分の殻を脱いで脱皮することである。このときに能は完成する。「能においては、演技者は、いかにうまく役に化けるかということをやるのではなく、その戯曲、その役を踏み台にして、自分の現在生きているということを舞台の上になげ出して見せねばならない(28)」。修練によって実存へと到達した舞こそが、最も深い感動を呼ぶ。能が観客に示すのは、究極的には、あらゆる方向から吟味され、批判される一個の人格である。型とは、最終的に自分の実存を観客に投げ出すための、そこへの生まれ変わっていくためのステップだったのである。

逆に言えば、型は、生命の発展の流れの中に組み込まれて、そこからはじめて生命をもらう。その生命の流れは、能においては音楽として表現されている。型を自分が変容させるためのステップとなすのは、音楽の流れにおいてである。固定的な型に注目しすぎるのは、能の音楽性とリズムを理解していない。奥井遼は、淡路島の人形浄瑠璃のフィールドワークを通して、わざの習得についての優れた研究を発表している。(29) それによれば、人形遣いの稽古では、個々の型を基礎的な技法として身につけてはいるものの、それが中心的な課題ではなく、むしろ重要なのは、型と型の接続である。型ができるようになるとは、同じ動作が反復できるということではなく、適切なタイミングで、適切な場面で、適切な組み合わせで行うことができるようになることである。大切なのは流れであり、これが阻害されると人形遣いたちは「間が抜ける」と表現するという。この流れは、言語では説明ができず、稽古のさなかでの身体を使った直示的な指示によって摑んでいくしかない。こうして人形浄瑠璃の世界においても、型は、間の流れの中で身体によって生きられるものなのである。

では、型と呼ばれる動作パターンは全体に対して、どう貢献するのだろうか。それは、全体の流れを促すようなリズムとして、である。型は、持続としての全体の流れを生み出すような、反復でなければならない。型は、静止的な形態ではなく、波動するプロセスである。そのリズムを通して、全体の流れが勢いを得る。私たちは、自分の身体がある動作を行っているときには、視覚的な形のようなものとしてではなく、音楽的な運動として経験している。反復的な型を身体が行っている場合、それは運動のリズムとして経験される。

ガストン・バシュラールは、言及されることが少ないが、優れた時間論である『瞬間と持続』と『持続の弁証法』を記している。その中で、ベルクソンの持続主義を批判して、リズムとしての時間を提起している。[30] ベルクソンは、意識の流れが持続であることを説いた。しかし、持続が間断のない一様な流れであるならば、その充満は時間として認めることはできない。一様で速度の変化のない、あるいは切れ目のない流れは、およそ知覚されず、時間ということもできない。時間には、切れ目が、休息が、間隙が、存在しなければならない。中絶の観念がなければ連続することへの意志はありえないように、肯定は否定の土台の上にこそ現れる。

時間には、波動、振動、間隙、インターバルといったリズムが必要である。時間は、持続ではなく、リズムという出来事によって生まれてくる。ただの持続では時間は平面的なものになる。時間が速度の差としてのみ現れるのであれば、そこには間がなければならず、間において時間は垂直性を獲得する。現実の世界には、絶対の持続など存在しない。むしろ、リズムの相互の支え合いと干渉だけが存在する。しかもリズムはただの拍子ではない。リズムにおいて重んじられるのは、休息の間に蓄えられる音楽を持続させる強度の保持である。

リズムは、呼気と吸気のように往復する運動であるが、それは、往と復という異質な運動が組み合わさった波動としてできている。その波動の切れ目が一定の独立した、完結した単位となりながら、全体としての流動に勢いを与えるのである。型とは、この音楽性の全体における往復のような単位として理解すべきなのである。型は、音楽全体の運動と流れの代わりを果たすことはできないが、その音楽的な流動の中のリズムを作り出していくパターンである。以上について次章でさらに詳しく検討する。

**注**

（1）ハンナ・アレント（一九九四）『人間の条件』志水速雄訳、ちくま学芸文庫
（2）三枝博音、飯田賢一（編・解説）（一九九五）『技術思想の探究』こぶし文庫
（3）同上、二三頁
（4）同上、三三頁
（5）源了圓（一九八九）『型（叢書・身体の思想2）』創文社
（6）同上、一二一一七頁
（7）同上、三三頁
（8）好村兼一（一九九八）「世界の剣道と日本の急務」『月刊剣道日本』第二三巻（一九九八年二月号）、三八―四〇頁
（9）馬場欽司（一九九五）『剣道伝統の技術』スキージャーナル、一三四頁
（10）折口信夫（一九七六）『折口信夫全集（第一七巻 芸能史篇1）』中公文庫、三七頁
（11）中沢新一（二〇〇三）『精霊の王』講談社。ただし西平によれば、世阿弥はその不穏さを背後に隠して見

せなかったという。西平直（二〇〇九）『世阿弥の稽古哲学』東京大学出版会、一〇―一一頁

(12) 瀧元誠樹（二〇〇六）『武と舞の根源を探る』叢文社、一四―一六頁

(13) 能楽と武道を芸論・稽古論・修道論の平面で論じたものとしては、表章の「能楽と武道」（第一～八回『武道』一九七六年）に詳しく論じてある。とくに兵法家でもあった今春七郎氏勝と金春家旧伝兵法伝書についての研究は興味深く、稿を改める必要があるだろう。

(14) 諸橋轍次（一九九〇）『大漢和辞典』第六巻、大修館書店、六八六頁

(15) 稲垣正浩（二〇〇四）『身体論――スポーツ学的アプローチ』叢文社、九二―一一〇頁

(16) 現在までに確認されている世阿弥の能楽論書は、作文『夢跡一紙』や小謡集『金島書』、子の元能が筆録した『世子六十以後申楽談義』を加えるなら二一種に及ぶが、本書では主に、『風姿花伝』、『至花道』、『花鏡』、『遊学習道風見』、『五位』、『九位』、『六義』を参考にした。本書では主に、世阿弥（一九五八）『風姿花伝』野上豊一郎、西尾実校訂、岩波文庫、世阿弥（一九五九）『風姿花伝・花鏡』小西甚一編訳、たちばな出版、小西甚一編（一九七〇）『世阿弥集』（日本の思想第8巻）筑摩書房、山崎正和編（一九六九）『世阿弥』（日本の名著10巻）、中央公論社を参考にした。

(17) 西平、前掲

(18) 横山太郎（二〇〇五）「能勢朝次の世阿弥解釈における「型」と「無心」――西田幾多郎の影響をめぐって」『國文学』第五〇巻第七号、五―五七頁

(19) 西平、前掲、九六頁

(20) 観世寿夫（一九七九）『心より心に伝ふる花』白水社、一九四頁

(21) 同上、一九一頁

(22) 観世寿夫（一九八一）『観世寿夫著作集（二）仮面の演技』平凡社、二三頁

(23) 同上、二五頁
(24) 宮本武蔵（一九八五）『五輪書』渡辺一郎校注、岩波文庫、五七—五八頁
(25) 観世、前掲、五二頁
(26) 夢野久作（二〇〇二）『能とは何か』筑摩書房、Kindle版、No. 170–172
(27) 観世、前掲、五三頁
(28) 同上、七九頁
(29) 奥井遼（二〇一五）『〈わざ〉を生きる身体——人形遣いと稽古の臨床教育学』ミネルヴァ書房
(30) G・バシュラール（一九六九）『瞬間と持続』掛下栄一郎訳、紀伊國屋書店、G・バシュラール（一九七六）『持続の弁証法』掛下栄一郎訳、国文社

# 第3章 間合いとリズム

第1章で論じたように、「間合い」という概念は、生物と生物の関係にしかあてはまらない。生きたインタラクションが行われる者同士にしか、「間合い」という言葉は適さない。間合いは、一・二人称的な運動である。本章では、対人関係としての間合いについて、能と臨床医学、そして武道といういくつかの異なった角度から検討する。間合いとリズム、音楽性の関係についてとくに注目して、論を進める。

## 1　世阿弥における間＝「せぬ隙」

世阿弥元清は、五〇近くの謡曲を書き、父観阿弥の遺訓や自らの芸道論を数多く書き残した。そのひとつ『花鏡』（一四二四）の「万能を一心につなぐこと」では次のように書いている。きわめて重要な一節なので、現代語訳を少し長くなるが全文引用する。

観衆が能を批評して、よく「わざをしないで、じっとしているところが、何とも言えずおもしろい」など言うことがある。これは、能役者の内心ふかく秘めた心のはたらきである。まず、二曲を初めとして、しぐさから、各種の劇的所作にいたるまで、すべて身体の動きに属するものである。「わざをしない所」とは、その技と技の間の空白をいうのである。この空白が、どうしておもしろく感ぜられるのかと考えてみるに、その原因は、役者がすこしの油断もなく、演技する心の間隙を繕《つな》いでゆくもうひとつの奥の心に在るのである。舞の手をとめた空白、謡をうたわない空白、そのほか、文句でも、演技でも、あらゆる場合の空白に際して、すこしも気をぬかず、内心の緊張を持続するのである。この奥の心の充実緊張が、舞台にあふれ出て、おもしろさとなるのである。しかしながら、注意を要するのは、役者がそのような心がまえをもっているのだと、外面に見えてはいけないことである。もし観客に見て取られたら、それは、もはや意図的な演技というべきもので、けっして「しない所」ではない。無心の境地で、自分の心を自分にもさとらせないような心がまえで、技の間の空白を綰《つな》がなくてはいけない。これすなわち、万《よろず》の技能を一心に綰《つな》いで興趣を生む力なのである。(1)

小西甚一が「空白」と訳している語は、もともと「隙」である。この空白とは、「せぬ所」「せぬ隙」である。(2)これはいままで私たちが「間《ま》」と呼んできたものに他ならない。それは弛緩した休憩時間ではなく、むしろ極度に張り詰めた充実のことである。観客は、技と技のあいだにある間に面白さを感じるのは、この間において観客は演者の持続する緊張の充実に共鳴するからである。振る舞いとして表に現れた舞や謡や科白に対して観客は、距離を持って接し、評価の目を注ぐ。他方、「せぬ隙」において潜在的なままにとどまっている振る舞いに対しては、観客は演者の次の動きを期待し、思い描き、次の声を待ち、声を発する準備状態をともにする。観客は、演者とともに、息を呑んで緊張を持続させるようになる。こうして観客は、せぬ隙＝間によって演者の舞の流れの渦の中に巻き込まれていくのである。

したがって、この間が「何もしない」状態として意図的に演じられてしまえば、それは「待つ」とか「とどまる」という振る舞いになってしまう。それを見た観客は、それをひとつの技として客観的・対象的に鑑賞する。観客は演者に対して批評的な距離を取り、演者の身体に共鳴しない。あくまで、せぬ隙は、否定的で消極的な状態でなければならない。空虚であるがゆえに、間は観客を吸引する。観客はそこに自分を投影する。演技として次の動作をいつでも行うことができ、科白をいつでも語れるのであるが、それを意図的に留めている。こうした態度を見せてしまうようでは、観客は「止める」演技の意図を看取ってしまう。演者自身が、次の動作や謡が自ずから発してくるのを待ち、観客にそのことを感じさせる必要がある。いわば、舞や謡が自律的に自己運動していて、演者の中で機が熟するまでその動きが潜んでいるかのようでなければならないのだ。意図的に次の動作を抑えて待つのではなく、自ずから動作を起こす機が熟するのを待つ。それは、ある流れやリズムに身を任せるということである。これが能における音楽性である。楽曲の流れの中にせぬ隙を作り出すことは、まさに時間の中で間合いを取ることである。だが、それは、切り離された遠方に退くことではなく、他者を誘い出すように間を切らずに間を取るような時間を作り出すことである。

しかし一層興味深いのは、この間こそが、「万《よろず》の技能を一心に綰《たが》ねる」としているところである。一心とは、ここではひとつの意図のことを意味する。空白や間といったものこそが、演者の身体に蓄えられた技能をひとつに結び合わせて束ねることができる。世阿弥は、先の引用に続いて、操り人形の例でこのことを説明している。(3) 人形は自動で動くのではなく、操っている糸の働きで動く。さまざまな演技や技は「作り物の人形」である。これを操るのは心であり、これは他人に見えてはならない。この心が見えてしまえば、人形劇で糸が見えてしまうのと同じで、観客は白けてしまい演劇に没入できなくなるだろう。技をひとつにまとめ上げて、演技を何かの演技（表象）ではなく真の自己の表出とするには、せぬ隙がどうしても必要なのである。せぬ隙とは、したがって、「心」のことである。

心とは、何もせずにいて、振る舞いが潜在的な状態にとどまった緊張状態のことである。この心にこそ、他者は引きつけられ、そこに自分の心を置こうとする。他者を巻き込めるものこそが心であり、そして、これは聞こえてくる謡と音曲によって準備されるのである。

## 2　能の時間性

以上の世阿弥の考えから、次のような重要な間の特徴を抽出できるだろう。すなわち、間は独特の間主観性を生み出すということである。

もとより間は、それが時間的・空間的な一種の距離だとしても、数値化することは難しい。質的な機会の意味合いを含んだ時空間を客観化して測定することは困難である。間は、先に述べたように、他者が吸い寄せられる空隙である。演者は、自分の視点に観客の視点を同化させようと誘惑する。しかし、振る舞いの意図が明確であるとき、観客たる他者は三人称的・批評的な冷めた視点で演者を見る。しかし、そこに、せぬ隙という否定的・消極的な間が生じて、ただ音曲だけが鳴り響いているときには、観客は自分の視点を演者へと投げ入れる。これは単純なシンパシー（共感）でもなければ、エンパシー（感情移入）でもなければ、コンパッション（同情）でもない。

演者の技が、せぬ隙において結ばれるように、観客の身体もその空隙に引き込まれる。シンパシーは、定義上、同時的な身体同士の共振であるとすれば、せぬ隙においては、観客の身体は、時間にずれを持ちながら演者の「ふり」をしていることになる。観客は、演者のせぬ隙に導かれて、演者の「振り」をして、「舞う」のである。これこそが、「振る舞い」という言葉の原義である。それは、田中彰吾の表現を使えば、「一方が行為を起こすと、他方が継起的なタイミングでそれに応答し、互いの行為が時間的にかみ合い」進行していくことであり、これを行為の「同期」と呼ぶことができる。(4) したがって、「振る舞い」とは、悦びを与えてくれた現象をモデルとして、それを再現しようとする行為なのである。

そして、間は時間的現象でもある。間を作り出すということは、何かを過去のものにして、未来における何かの到来を期することである。それは、過去と未来のはざまに、来たるべき潜在性としての現在を生み出すことである。時間は連続した過程である。客観的時間には、過去も未来も現在もない。世界の中ではさまざまな持続と変化が生じているが、しかしその連続体の中に、現在、過去、未来という区切りが自然に入っているわけではない。時間の連続性に区切りを入れるのは人間の行為である。夏の暑い日に「今日は暑かったなぁ」という過去形をもたらすのは、その発話そのものである。温度は連続的に降下しているのであって、「暑かった」という区切りは自然界に存在しない。「暑かった日中」を過去のものとして、「でも今は暑くない夕べ」という現在を立てるのは、思わず口から出た「今日は暑かった」という科白なのである。この科白は、過去と現在を隔てて打ち立てる行為である。これに対して、間を取るとは、過去をすぎたものとするとともに未来を希求する、そうした空白を現在として打ち立てる行為である。

メルロ＝ポンティは『知覚の現象学』の中で、「時間は〈自己による自己の触発〉である。触発するのは、推力ないし未来への推移としての時間であり、触発されるのは、多くの現在の展開された系列としての時間である」(5)と述べている。これは、間について見事にあてはまる記述に思われる。ただし、私たちは間の持つ非連続性についてまた後で論じなければならないし、間において触発し、触発されるのが、果たして「自己」であるのかを議論しなければならない。しかし観客が演者とともに体験するのは、まさしくこの時間性なのである。

この時間性とは、能においては音楽性のことに他ならない。世阿弥は以下のように述べる。

舞は、謡に根ざすのでないと、妙味がない。すなわち、舞前の一句の余韻を受け舞へ移ってゆく、その移り際に、何ともいえない良さがあるはず。また、舞が切れる所にも、その余剰がうまく音曲的感興に融け入ってゆく境地がある。いったい、舞や歌は、内臓の神秘に根源を有するものだということである。まず、五臓から出る息が、五種類に分かれて、五音・六調子となる。(中略)かように、五臓から声を出すのは、五体を動かし、そこに生じる人体の動きが、すなわち舞となる根源である。

さてまた、「時の調子」というのは、音階を四季に配したり、昼夜の十二刻に、それぞれ、双調・黄鐘・壱越・平調・盤渉などの諸調を当てることである。(6)

ここでも強調されているのは、「移り際（境）」や「切れる（納る）」といった間を表す言葉である。音が切れた後の余剰が、次の音へと分け入っていくというのは、音曲の「あわい」が感興を呼ぶのだと言えるだろう。この音楽における間とは、世阿弥によれば、五臓（肺、心、胆、脾、腎）から発する声に応じて、身体の四肢（五体、頭と両手両足）が動くリズムから生じる。こうして音楽性とは、人体の内部と四肢が共鳴し合うことである。さらに世阿弥は、この人体の音楽性が、宇宙のリズムと呼応すると言う。「時の調子」すなわち、特定の時機の様態とは、個々人の様態が宇宙の様態と共鳴する瞬間のことである。舞とは音曲の力で舞うものであり、そうでなければ舞は力を持ち得ない。そして音曲とは、最終的に人体と宇宙との共鳴としてのリズムのことである。ハイデガーやメルロ＝ポンティの現象学が指摘した主体における時間性の概念には、人体と宇宙とが共鳴したリズムについての考察が欠けている。これが、社会的な文脈の中だけで人間の個体性を語る実存主義的な立場がどうしても克服できない弱点である。

## 3　間合いと臨床心理

世阿弥が指摘した能における音楽性は、他者を巻き込む間主観的なリズムであると同時に、己の身体を通じて宇宙のリズムと共鳴する。この意味での音楽性は、人間関係の理解にとっても重要な意味を持っている。

そこで、現代の精神科医の木村敏の考察を取り上げてみよう。木村は、「ま」と「あいだ」について臨床的な視点から多くの考察を行ってきた。木村は、精神疾患、とくに統合失調症に関して、患者個人の心に内在する問題として捉えるのではなく、患者と環境、他者との関係の問題として捉えるように提案した。統合失調症は、他者とうまく間合いが取れない疾患なのである。

著作『あいだ』[7]の中で、音楽という行為が、食事や睡眠、生殖といった生命活動と並んで、私たちにとって最も根源的な活動であると主張する。木村は、ハイデガーの考えに言及しながら次のように述べる。

> 音楽が自発的かつ主体的に演奏されるということは、各々の音がそれ以前に演奏された一連の音からなる音形態からの、そしてなによりもまず、その音に直接に先行する「音と音とのあいだ」(具体的には楽譜の上で個々の音譜と音譜にはさまれた空白、あるいは休止符によって表記される部分)からの、音楽それ自体に内在する自己運動的な必然性のみに従って奏されるということである。[8]

次にくるべき音は、音と音のあいだに内在する自己運動の構造から生み出されると木村は指摘する。この構造が「間《ま》」である。間は常に、それ自身のうちに未来産出的な志向性を有している。演奏が自律的・主体的であるとは、各々の音がその直前の間によってしか規制されないということである。理想的な合奏は、合奏全体を生み出している間と、それぞれの演奏に方向性を与えている間とが、同じ自己産出的な原理として統合されていなければならない。これは、先の世阿弥の引用で、せぬ隙が、意図的なものとして外面に見えてはならず、音曲に基づいた舞の自ずからの流れの中で生じるべきだと述べたことに符合している。

合奏、すなわち、演奏が合うとは、音を合わせることではなく、間を合わせることであり、息（呼吸）が合うことである。合奏とは間合いの芸なのである。しかし「間合いを合わせる」とは、複数の人間がひとつのものへと融合することでは決してない。むしろ音楽には、チャールズ・カイルの言う「参与的なずれ（participatory discrepancies）」が不可欠である。参与的なずれとは、演奏者たちが同じ曲を演奏しながら、そこに生じてくる演奏者間の微妙なずれ、ごくわずかな音楽的な差異や不一致のことである。[9] あいだにおける自己と他者の関係について、木村は次のように書いている。

「あいだ」はそれ自体としては自己ならざるものである。自己が「あいだ」に同化没入してしまっている限りにおいては、自己は存在しない。しかし自己が自己でありうるためには自己は他者を必要とする。他者が他者として現れてこない限り、自己は自己となりえない。自己が自己自身に現前しうるためには、自己は自己ならざるものとしての「あいだ」の場所において他者と出会うことを通じて、そのつど他者のノエシス［精神作用］から自己のノエシスを分離し、自己を自己自身と一致させて行かなくてはならない。[10]

間が合うには、間という事物があって、それを二人の人間が共有しているというのではない。間が合うというのは、両者がともに異なった主観として、間を作用の場として経験していなければならない。いわば、共同対自的に、間が経験されていなければならない。音楽の演奏者たちは、それぞれ異なった自分のパートの演奏をしながら、全員が同じ曲を聴いている。知覚的な全体性と運動的な部分性がうまく調和しなければ合奏は行えない。間が合うとは、その間合いの取り方が適切に進行しているということである。間とは相手との共鳴によって、その場で即興的に作成されていくものであり、相手の「せぬ隙」がこちらの応答を決め、こちらの「せぬ隙」が相手の応答を決めていく。間とは、定まった場所や時間ではなく、その機会においてしか、その相手によってしか生じないある流れを作り出していくことである。その流れには、よきものもあり、悪しきものもある。合奏がうまくいったとは、流れがよいものになったということである。奏者はそれぞれ固有のリズムを持っている。それを合わせるとは、異なったリズムを持ちながら、その絡み合い、リズムの刻み合いにおいて優れた間合いが生じ、聴衆が引きつけられたということである。

人間関係に目を向ければ、間とは、そこで他者と出会う場所であり、同時に、他者と距離を取ることのできる場所である。アルフレッド・シュッツは、音楽経験について現象学的視点から論じているが、彼の指摘はここでの人間関係の間の取り方に大きな示唆を与えてくれる。(11) シュッツによれば、どの演奏者も曲や楽譜を自分なりに解釈する自由を持つが、合奏では、他者の自由によって自分の自由が制限を受ける。どの演奏者も他者の演奏を聴きながら、自分のパートがどのようにその流れに組み込まれるのかの展開を予測し、それに応じる準備ができていなければならない。演奏者は、互いに他者の音楽的な意識の流れを、即時的に共有していなければならない。「ここでは他者の顔の表情、楽器を弾く他者の身振り、要するに演奏活動のすべてが外的世界に関与し、その活動が相手に即時的に把握される」[12]。演奏者は、自分の内的時間と外的時間との双方に関わりながら演奏をするので、合奏というコミュニケーションは必然的に複定立的[13]である。したがって、合奏は、単純に演奏を同時的に行うことではない。そこには、絶えざる相互的な調整の働きが行われている。たとえば、音楽学者の塚田健一によれば、アフリカの音楽のグルーヴ感にあふれたリズムは、太鼓を打つリズムを、互いにあえて合わせずに、正確にずらす相互行為によって生じるという[14]。このずれとは、即時的に行われる自由の相互表現なのである。

木村は、統合失調症とは他者との間がうまく取れない病であると指摘する。ある患者は、木村に、「他者との間に適切な間がとれない、家族のあいだでさえうまくいかない[15]」などと訴えたという。患者は、他者が自分の内側に侵入してきて、自分が乗っ取られて自分が失われるように感じる。他者との交流において、隙間や余地がなくなり、スムーズさや流暢さ、自然さが失われるという。ここで言われる「あいだの失調」とは、空間的に表現されているが、それは時間的でもあり、音楽的でもある問題である。いわば、他者との間に関係を受け止めるあそびやバッファの部分がなく、他者とのやり取りが直接に自己に影響を及ぼしてしまう。二人称的関係に必要な、相互に制限し合いながらも、相手を触発もする自由な相互表現が機能不全を起こしている。この間の変調によって、患者は、時に世界や他者があまりに近すぎて圧倒されてしまい、時に世界や他者があまりに遠すぎて疎外されたように感じる。

世界や他者とうまく間合いを取ることができないでいる患者にとっては、世界には親しみと安心が欠けてしまっている。世界への親しみと安心は、世界とべったりと密着することでは生じない。それは世界と自己のあいだに、適度の間があることで生じる。間合いを取ることは、世界や他者から一旦、少し距離を取り、それに向けて自分の中のさまざまなものを整序し、それらを世界に向けて凝集させ、準備することである。この時間的であると同時に空間的でもある間とは、世界を受け止めつつ、自分のリズムを保持することである。リズムの間、あるいはリズムの弾力性が、自分と他者とを協応させながら、自分が自分であることを維持させる。この間合いの取り方が、患者においては失調しているのである。

最初に触れた粘度で言えば、統合失調症の患者は金属のようになっているのではあるまいか。それは環境からの波動をはじき返し、しかしレジリエンスが少ない形で振動してしまうのではないだろうか。

## 4　間合いと活人剣《かつにんけん》

ここでもうひとつ、人と人との間合いの取り方についての別の議論を参照してみよう。間合いとは、適切な距離であると同時に適切な時機となるような間を相手とのあいだに成立させることである。木村はそれを合奏に見出し、その障害を統合失調症に見た。

しかし、現代において「間合い」という言葉が最も頻繁に使われる文脈は剣道ではないだろうか。夢野久作は能と剣道との関係について次のように語っている。

たとえば、剣術の名手と名手が、静かに一礼して、立ち上って、勝敗を決する迄の一挙一動は、その悉くが五分の隙のない、洗練された姿態美の変化である。極度に充実緊張した、しかも、極度に軽い精神と肉体の調和である。その静止している時には、無限のスピードを含んだ霊的の高潮度が感ぜられる。又は烈しく切り結んでいるうちに、底知れぬ霊的の冷静味がリズム化して流れている事を、客観的にアリアリと感ぜられる。（中略）そうした決闘はそれ自身が「能」である。[16]

逆に筆者は、はじめて能を鑑賞したときに、まさしくそこに、静止した「無限のスピードを含んだ霊的の高潮度」や、激しく舞っている「底知れぬ霊的の冷静味」を見た。一番見ただけで汗だくで疲労困憊してしまい、それ以上見ていられないほどだった。[17]

弓道では、固定された的までの距離が定まっており、射るときのリズムがきわめて重要であったとしても、「的との間合い」とは言わない。柔道や合気道では、身体が直接に接触することが多いが、そこにおいてもある種の繊細な間の取り合いが生じていることだろう。剣を使うがゆえに、三メートルほどの距離から間合いの駆け引きが始まる剣道は、相手との間合いがとりわけ大切な武道だと言ってよいだろう。能では、演者同士のやり取りがある場面と、シテが単独で舞う場面がある。前者では演者同士の間合いが問題となるだろう。他方、単独の舞の場面では、音楽の演奏とのあいだで間合いが問題となるだろう。やはり間合いは、人同士のあいだの問題である。

そこで以下では、柳生宗矩（一五七一―一六四六）の兵法における間合いについて見てみよう。宗矩は、江戸時代初期の剣術家であり、柳生新陰流の開祖に数えられ、徳川家の兵法指南役として知られていよう。

一般に現代剣道では、近間、遠間、一足一刀の三つの間合いがあると言われている（図1）。一足一刀とは、一歩踏み込めば相手を切ることができる距離であり、一歩下がれば、相手からの攻撃をかわせる距離のことである。近間とは一足一刀よりも近い距離であり、遠間とは一足一刀よりも遠い距離である。さらに一足一刀について言えば、それは、即座に攻撃し合わなければならない近間と、攻撃があたらない遠間の閾《しきい》にある範囲の距離のことである。もちろん、この距離は、自分の身体的条件や動ける範囲、相手のそれらとの関係で決まってくる。この相手の好む、あるいは嫌う間合いを探り合うことが、立ち会いの始まりにおいて最も重要な局面である。

一足一刀も、本人の身長、手足の長さ、足運びの距離、筋肉の能力、使える技の特徴、構えの性質（上段か、中段か、二刀かなど）、その日の身体的コンディションはもちろん、相手の諸条件によって変わってくる。個々人はそれぞれの間合いを持っており、自分が切りやすい距離を取り、相手が切りに

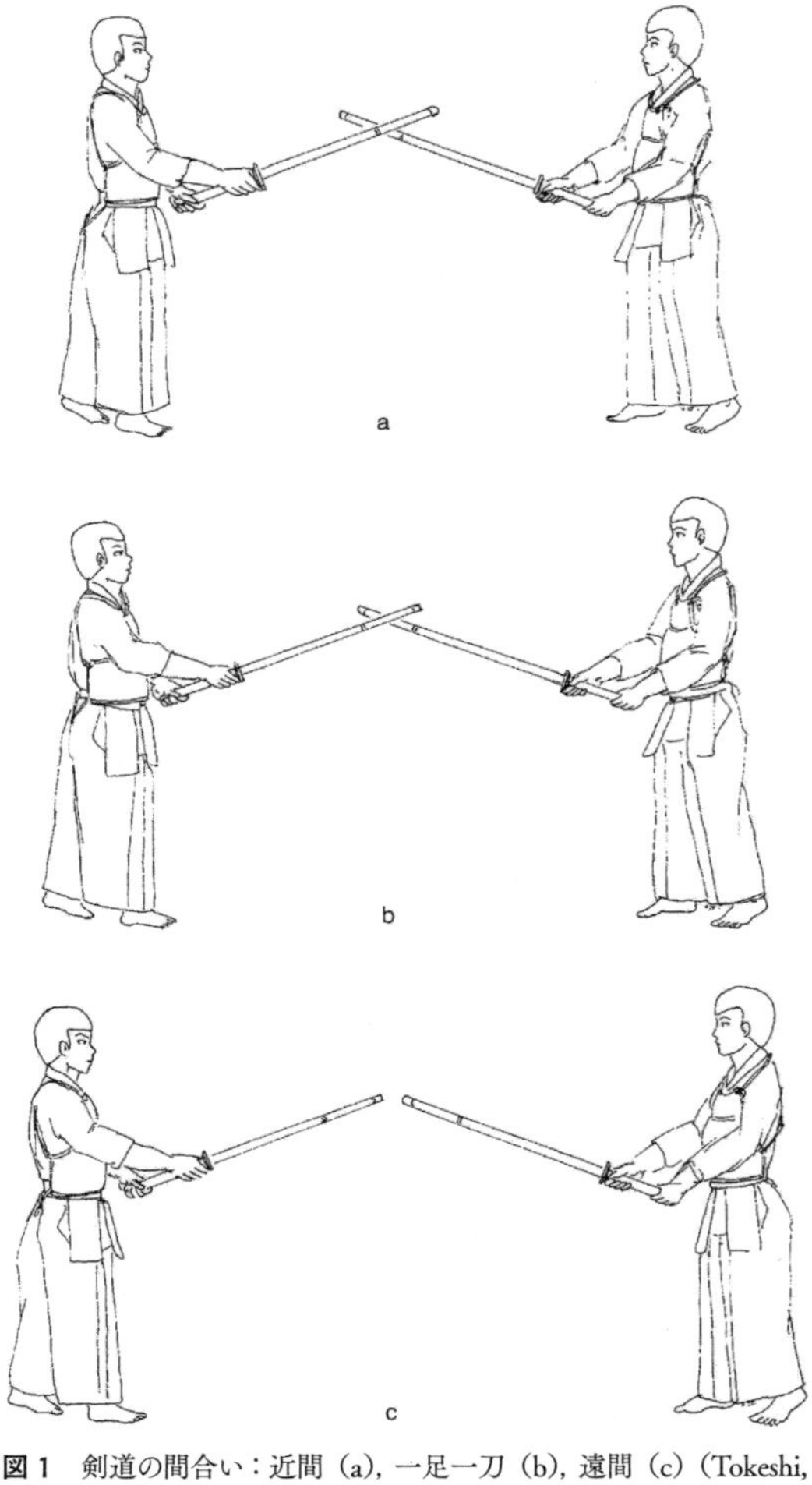


**図 1**　剣道の間合い：近間（a), 一足一刀（b), 遠間（c)（Tokeshi, J（2003）*Kendo: Elements, Rules, and Philosophy*. University of Hawaii, Kindle, No. 1087.）

くい距離を取り合うのが、「間の取り合い」と呼ばれるものである。間合いは、また、相手のどの部位を打突するかによっても変わってくる。面、小手、胴、突き（喉）が、打突部位と呼ばれるものであるが、相手の構えと打突部位の位置によって、間合いの取り方は変わってくる。

ただし、名人はこの間合いを二重に持つことができる。言い換えれば、二段の構えを持つことができる。佐藤貞雄九段によれば、外側の大きな円となる間合いと、そこで仕損じたときに、より近い位置で相手を打突できる小さな円の間合いという二重の間合いを持つことができるという。この二重の間合いによって、次の打突に素早く移行できる。これが名人である。(18)

さて、相手が、一足一刀か遠間で正しく構え、注意をこちらに向けている限り、容易に打突することはできない。打突するためには、打突部位が空くだけではなく、相手に心理的な隙ができなければならない。隙とは、相手の攻撃を受けやすくなる身体上の場所であり、機会のことである。剣道では、隙は三つあると言われている。一番目は、出ばな、すなわち、相手が動こうとしたとき、二番目に、技の尽きたところ、すなわち、相手が技を出し終わってしまい、それ以上続けて打てなくなったとき、三番目に、居着いたところ、すなわち、気持ちが止まってしまい、動けなくなったときである。あるいは、退こうとしたところを、四番目として加えることができるかもしれない。

相手にこれらの隙、とくに、出ばなと、居着いたところ、退こうとしたところを作らせるために行うのが、「攻め」と「溜め」と言われるものである。宗矩は後者を「待《たい》」と呼ぶ。また、剣道には、打突の機会として「四戒」と呼ばれるものもある。これは、いわば「心の隙」と言うべき状態であるが、「驚・懼・疑・惑」を指す。驚く、恐る、疑う、惑うといった心理状態は、いずれも、いま述べた四つの隙のある動きとして現れる。

攻めとは、文字通りには攻撃を意味するが、剣道では、いつでも打突部位に攻撃できるように、相手の守りやリズムを崩し、優位に立つことを指す。そのために、自分の身体の動き（足さばきや構えの変化）や視線の動き、竹刀の動きなどで相手を崩して、打突のしやすい、あるいは打突し合ったときに優位に立てるように中心を取る。中心を取れば、相手と打ち合っても、相手の竹刀を切り落として打突できる。攻めは、もちろん身体的・物理的でもあるが、同時に心理的でもある。ただ機械的に剣を中心に持っていけばよいのではなく、小さな動きを繰り返して、攻めを重ね、相手を崩していくことが必要とされる。

こちらの攻めが効力を発した場合には、相手は、緊張して力が入ったり、苦しくなって無理に攻撃に出たり、防御しようとして自分の攻めが疎かになったり、手元が緩んで打突できなくなったり、後退したり、どうしてよいか分からずに居着いてしまったりする。逆に、こちらの攻めに対して相手が上手に対処するというのは、攻めを無効にする動きをすること（たとえば、こちらが右に移動したときに、相手も右に移動して動きが相殺される、など）や、こちらの攻めに動じずに、こちらの打ち気を読むことなどである。相手がこうした動きをした場合に、こちらから無理に打ち込めば、かならずやられる。

うまく攻めることができるのは、自分がどのように攻められると、隙ができてしまうのかを経験的に知っているからである。攻められるとは、自分が構えている状態で、相手に動かされ、隙を出す寸前まで追い込まれることである。相手に攻められる場合には、三つの種類があるように思われる。一番目は、まだ自分が相手に対して十分な準備ができていない、あるいは、まだ攻めてこないだろうと一瞬油断したときに、相手に攻め込まれるときである。二番目は、自分が攻めに転じようとする、あるいはその直前に、相手に気迫を放たれ、出合い頭を抑えられて間合いを詰められ、打突できる態勢を取られてしまう場合である。三番目は、相手に攻撃する気迫がまったく表れていない、いやまるで打つ気がないかのように見えているのに、いつの間にか間合いを詰められて、打たれる直前まで追い詰められるときである。いわば、パーティ会場の遠くで穏やかなあるいは無関心な表情でいた男が、ふと気がつくと自分の脇腹に銃を突きつけ、もう引き金を絞ろうとしているような状態である。このいずれの場合にも、自分は不意をつかれ、驚愕し、無理に攻撃に出たり、防御しようとしたりして相手に動かされてしまう。そこに決定的な隙が生じてしまう。ところで個人的な考えを言えば、三番目の攻めこそが最も恐ろしく、剣のひとつの究極であるように思われる。殺気なき死の蔓延こそが、死神のなせる業だからである。

また、溜めとは、こちらから拙速に打ち込まずに、攻めの状態を維持して、相手にプレシャーをかけ続ける状態のことである。この圧力に負けて、無理に攻撃しようとしたり、逃げようとしたり、集中力が途切れたりしたときに隙が生まれる。しかし攻めとは、単調に攻撃する意図を伝えるだけのものではなく、むしろあえて隙を見せて、相手に「この瞬間なら打突できる」という気持ちにさせる一種の誘いをかけるときもある。攻めながら相手を迎えることが誘惑である。攻めとは、文字通りに、駆け引きであり、抜き差しであり、相手に気持ちのゆらぎや動揺を生じさせるためのものである。よい間合いというものが、打突できる機会と距離であるならば、それは攻めと溜めによって作り出される。段位の低い者や経験の浅い者は、この攻めや溜めに乏しい、淡白で色彩のない、スピードを競って竹刀をあてるだけのゲームをやってしまう。そうしたゲームは、真剣を握ったときにはできない。剣道は、真剣の想定を忘れてしまえば、何をやっているのかの意味の分からない運動に堕してしまう。

現代では、剣道での間合いについてスポーツ科学の立場からの実証的な研究もあるが、客観的に数値化することにはかなりの困難が伴う。むしろ、現象学的に一人称で記述する方が間合いとは何であるかを理解しやすいのかもしれない。そこで、柳生宗矩の著作に間合いの記述を見ることにしよう。

彼の著作『兵法家伝書』は、世阿弥と沢庵宗彭を通じての禅仏教から大きな影響を受けている。沢庵は、『不動智神妙録』で剣法と禅法の一致を説き、兵法と禅仏教を結びつけたことで知られている。宗矩も、武道を通じての精神的な啓発や人生訓をその著作で唱えた。宗矩は能を嗜み、能についての深い造詣を有していた。そこで、彼は間合いについてこう述べている。

> 打にうたれよ、うたれて勝つ心持の事。人を一刀きる事はやすし。人にきられぬ事は成がたき物也。人はきるとおもふて、うちつけうともまゝよ、身にあたらぬつもりを、とくと合点しておどろかず、敵にうたるゝ也。敵はあたるとおもふてうてども、つもりあれば、あたらぬ也。あたらぬ太刀は、死太刀也。そこをこちらから越してうつて勝つ也。敵のする先ははづれて、われ返而先の太刀を敵へ入也。一太刀打つてからは、はや手はあげさせぬ也。打つてより、まうかうよとおもふたるは、二の太刀は又敵に必うたるべし。爰にて油断して負也。うつた所に心がとまる故、敵にうたれ、先の太刀を無にする也。(19)

この引用で宗矩が指摘していることは、二点ある。ひとつは、相手との間合いを見切って、相手に先に打たせるが、相手の剣があたらない「間積り」でかわして、相手の打突を無効化して、同時に相手を切ること。もうひとつは、ひとたび攻めに転じたら、初太刀の後にも反撃を許さずに攻め切ることである。後者の気構えも非常に大切であるが、ここでは、前者の間合いについて論じよう。前者は、剣道で言う「後の先」で勝つことである。

剣道では、先手を取ることが必須である。「先手を取る」とは、相手を先導して優位に進めることであるが、それには三種類あるとされる。一番目に、「先の先を取る」とか「機先を制する」とは、相手の態勢や気力が整わない先に仕掛けることである。この「先の先」を取るのは、先に相手に攻められるところで述べた一番目の攻めを相手にすることである。二番目に、相手がかかってきた場合の先手の取り方を「後の先」という。これは相手に先に攻撃を仕掛けさせ、それを捌いたりかわしたりして、即座に反撃することや、あるいは、相手が仕掛けてきたときに、それよりも強く、あるいは早く出て先を取る仕方である。この場合でも、ただ相手の攻撃を待っていたのでは後手に回って、相手に先を取られてしまう。「後の先」が、反撃であるにもかかわらず「先」と呼ばれるのは、相手を攻撃してくるように仕向けて、誘導しているからである。三番目に「先々の先」は、相手の動きの起こり際を捉えることである。攻撃しようとしたときには、防御に隙が生じる。相手が切ろうとした瞬間を捉えて、それに先んじて打突することである。これは先の相手に攻められる場合の二番目に相当するだろう。宮本武蔵は、『五輪書』の火の巻で、この三つの機会について述べており、それぞれ「懸の先」「待の先」「対（体）々の先」と呼んでいる。[20] いま述べた現代剣道の説明のもとはここにあるのだろう。

しかし、この三つのいずれにおいても、自分が相手に対して先導し、常に優位に立つ必要がある。これが攻めと呼ばれるものである。そのために、相手に対して圧力をかけ、あるいは動きを読んで、相手が先に打たざるを得ないように追い込む必要がある。サッカーでは、ペナルティキックをキーパー一人で防ぐことは難しい。ペナルティキックは、どこでも自由に蹴り込めるからである。自由に打たれたシュートは予測が効かない。ゴールを守るには、キーパーは、味方ディフェンダーに指示を出して動かし、自分でも動いて罠を仕掛け、相手が蹴れるコースを縮減し、予測できる範囲にしかシュートさせないようにするという。こちらが先んじて動くことで相手の動きを制限し、自由度のある動きを線型化して、予測しやすくするのである。剣道での先の取り方はこれとよく似ている。

宗矩は、「活人剣《かつにんけん》」と「殺人刀《せつにんとう》」という区別をしたことで知られる。その意味は、人を殺す刀は命を奪うゆえに天道に反する道具とされるが、一人の悪によって多くの人が苦しめられているときに使えば、多くの人を生かすことができるということである。人を殺すのが兵法ではなく、兵法が殺すのは悪である。この「一殺多生」の原理には、功利主義的な倫理観を見ることができるが、活人剣にはもう少し異なった意味合いがある。

先ほど、攻めと溜め、懸と待について触れたが、宗矩によれば、このやり取りは突き詰めると、相手に先に太刀を打ち出させて勝つこと（「敵に先をさせて勝つ」）、すなわち誘い出すという点においては同じである。[21]この相手を引き出し、誘い出すことは、心で先手を打ってこそ可能となるが、この相手に動いてもらうことこそが「活人」である。それは相手に動く機会を与えることであるが、この方法は相手を殺すときに使うこともできれば、相手を動機づけたり、鼓舞したりすることにも使うことができるであろう。スピードと力で敵を一方的に切り捨てるのではなく、相手を引き出して勝つという宗矩の方法は、平常のもっと平和的で協力的な人間関係にも応用可能である。これが「活人剣」の意味するところである。

## 5　剣のリズム

行動が身体の動きに出ることを「色に出る」（現象として現れる）と言うが、待っている相手には、いろいろに仕掛けて相手に色を出させ、それに応じて先を制する必要がある。先の先は、その色に出る直前を捉えることである。そのためには、色に出る前の相手の攻撃するリズムや雰囲気を捉えておかねばならない。それは、色が出る前の、相手の潜在的な状態を理解することであり、相手の間を理解することである。したがって、「間合いを取る」とか「間合いを測る」と言った場合には、空間的な距離を意味するだけではなく、時間的な間合い（「拍子」とも言われる）、そして相手の心理的な流れやリズムを摑む必要がある。

ここで宗矩は、打突のリズムについてその後の段で説明している。

一　三拍子之事

相打一、上ぐればつけて打つ一、さぐればこして打つ一也。あふ拍子はあしゝ。あはぬ拍子をよしとす。拍子にあへば、敵の太刀、つかひよく成る也。拍子がちがへば、敵の太刀つかはれぬ也。敵の太刀のつかひにくき様に打つべし。つくるもこすも、無拍子にうつべし。惣別のる拍子は悪也。(22)

相手と同じ拍子、同じ機会に打突するのは得策ではない。打突は、相手と拍子を違えることにより、相手の打突の機会を奪う必要がある。「無拍子」とは、自分の打突に至る内的なリズムや心理的な動きを見せずに懸かることである。相手は、こちらの打ち込んでくる拍子を捉えることができず、対処できない。

しかし無拍子の打ち込みをするのに、自分の意図を隠そうとすればかえって不自然になり、動きを読まれるだけではなく、自分で自分の動きを封じてしまう。そこで、無心で打突する必要がある。無心についてはまた後で論じるとして、宗矩は、相手の拍子に合わせないこと、相手の仕掛けにそのまま応じないことを説いている。一種の同調性や協調性の抑制である。そこで、宗矩は能を引き合いに出して次のように書いている。

敵が大拍子にかまへて太刀をつかはば、我は小拍子につかふべし。敵小拍子ならば、我は大拍子につかふべし。是も敵と拍子をあはせぬ様につかふ心得也。（中略）たとへば、上手のうたひはのらずしてあひをゆく程に、下手鼓はうちかぬる也。上手のうたひに下手鼓、上手の鼓にへたうたひの様に、うたひにくゝ、打ちにくき様に敵へしかくるを、大拍子小拍子、小拍子大拍子と云ふ也。(23)

「大拍子にかまへて太刀をつかう」とは、声をかけて大きく仕掛ける動作をいい、「小拍子」とは素早く細やかに切り掛かることである。能の音曲では、上手い謡事がわざと間を取った拍子でうたうと、下手な鼓は打ちにくくなる。謡がうたいにくく、鼓が打ちにくくなるように、相手のリズムを狂わせることが兵法であるという。これは上手な謡手や鼓は、それぞれのリズムを生かしながら合奏することができるのに対して、下手な奏者は相手のリズムに自分のリズムが狂わせられてしまうことを述べている。優れた能の舞台には、優れた地謡方と囃子方が必要である。その囃子と謡のリズムにしても、互いの主体性を崩さずに、安易な妥協なく演奏できたときに、精妙な演奏が成立する。(24) 剣の立ち会いにおいて行われるのは、この合奏に求められることの正反対、すなわち、リズムの壊し合いとしての間合いの取り合いなのである。

しかし相手のリズムを乱すためには、相手のリズムが分かっていなければならない。スポーツ研究者である西村秀樹は、『武術の身体論』[25]という著作の中で、剣道が上達するとは、一方的、自分勝手に技を出すのではなく（そうすれば、高段者であれば、すぐに自分の打突のタイミングを読まれてしまう）、相手との「同調」や「合わせ」といった関係の中で技を繰り出すようになることであると指摘する。先ほどの「溜め」とは、互いが同調し、攻撃のタイミングを探り合っている状態である。ここから「攻め」ることで、相手の隙を作り出していくのである。西村によれば、武術とは、相手に共感する「同調」を、相手を凌駕しようとする「競争」の場に取り入れることに特徴があるという。実際に、相手のリズムを生かすことそれを崩すことは同じものの表裏である。これが先ほど述べた活人剣の意味である。

一　章歌の心付の事。
まひもうたひも、しやうがしらずして、はやされまひ事也。兵法にも、章歌の心もちあるべき事也。敵の太刀のはたらき如何様にあるぞ、何としたるさばきぞと、とくと見すへて、そこをしるが、舞うたひの章歌よく覚へたる心なるべし。敵のはたらき振舞よくしりたらば、こちのしかけ自由なるべし。[26]

この「章歌」は、楽譜や音楽全体の流れのことを指すと解釈してよいだろう。相手の動きと心の働きを静かに洞察して、その流れを把握することでこちらの仕掛けがうまく働く。宗矩は、相手を見抜く洞察を、「風水の音を聞く」と表現する。宮本武蔵も、武芸における芸能と共通する拍子の重要性にについて指摘している。

世の中の拍子あらはれてある事、乱舞の道、れい人管絃の拍子など、是皆よくあふ所のろくなる拍子也。武芸の道にわたつて、弓を射、鉄炮を放ち、馬にのる事迄も、拍子・調子はあり。諸芸・諸能に至りても、拍子をそむく事は有るべからず。(27)

拍子の間は、相手によりさまざまで、それを知ることが大切であるが、ここで述べられているのは、自分の武芸、剣だけではなく、弓・鉄炮・馬というあらゆる方法での戦いにおいても音楽的な流れに背いてはならないということである。物事が衰える拍子と栄える拍子とがあり、家が崩れるのも、身が崩れるのも、みな拍子が狂ってしまって崩れるのだという。

さて、以上の柳生宗矩の兵法は、まさしく木村敏が合唱において見た「間合い」を裏から論じたものだと言ってよいだろう。すなわち、合奏においては、それぞれの奏者が自分のリズムを刻みながらも、相手との掛け合いの中で、聴衆を引き込む間合いが実現できた。これに対して、剣では、互いのリズムに引き込まれることなく、相手のリズムを壊していき、その技を封じることである。相手の全体の流れを知るときに、自分は相手のリズムを崩していくことができる。前章で論じたように、技術の型は流れの中に組み込まれて、そこから生命をもらう。その流れを乱すことによって相手に技の型として習得した動きを出させなくさせるのである。これが、間合いによる先の取り合いである。素晴らしいスピードの正確な刀さばきも、打突すべき瞬間を乱してしまえば、その鍛錬された技術も発揮できないままに終わる。型の習得だけでは剣道にならないことをこれまで繰り返し述べたのは、型は音楽性を阻害されると無効化してしまうからである。

武芸におけるリズムは単なる拍子ではない。美学者の中井正一は「リズムの構造」という短いが優れた論考の中でこう述べている。「[テニスの]一ストローク一ストロークの内に真に「内」を見いだしうる無限境がある。そこにこそ深いリズムの内的構造があると考えられる。／かくて、ここではリズムの原始構造である呼吸、歩行、脈搏などのものが単なる拍子としての時計的時間構造をのがれて、むしろ量的なるものの質化への方向をたどって、新しき解釈の領域にその形態をととのえる」[28]。テニスの一ストローク、ボートの一漕ぎ、剣道の一拍子の一撃、そこに現れる固有のリズムは、すべてその個人の身体的実存と言うべきものの表現である。和歌や俳句のリズムもこうした意味で理解されるべきである。その呼吸はすでにただの肺の収縮を超えているのである。

木村が臨床医学において目指していたのは、それぞれの人間が固有のリズムを持ちながら、それをときにうまく他者のリズムと合奏させ、ときに他者から距離を取り、他者のリズムに巻き込まれて自分のリズムを見失わないようにすることであった。木村の患者は疾患のせいで、他者とのリズムをうまく調整できないでいるのだと解釈できるだろう。ここで必要になるのが、自分のリズムと他者のリズムを調整できる溜めとしての間であった。他方、柳生宗矩が武芸において示唆していたのも、このような音楽性において自分の技を活かしていく術だった。宗矩によれば、何かに執着することなく、自由自在に振る舞っても、主体性を見失わない状態が、平常心とか、自然体と呼ばれているものである。それは、無心とも呼ばれる。

以上の能と臨床医学、武芸のどれにおいても、全体の流れとしての音楽性とリズムが、よい間合いを取るための鍵となっていた。身体的活動におけるリズムが呼吸と連動しているのは明らかである。音楽においても、奏者が指揮者を見なくても演奏を他の奏者と合わせられるのは、ブレスが合図となっているからである。楽譜から生きたブレスを引き出せるからである。間において作用しているのは、呼吸を抑えて次の動作の機会を待つという持続と機という二つの機制である。先に述べたように、ある拍子を打つことによって、それまでの隙（沈黙、静寂、空白）の持続を断ち切り、それを過去のものとしながら、同時にあらたに未来を希求する隙を作り出し、その持続に他者を巻き込んでいく。そして、この隙の共鳴と離脱が間合いを生み出すのである。

しかし、音楽における呼吸は、人間のリズムにとどまらず、音と運動の織りなす宇宙的な運動の一部である。音楽は、人間の息を形而上学化するのである。中井正一は次のように論じている。「いわゆるイキが合う、あるいは呼吸の会得の場合、音楽はすでに拍子だけでは解釈がつかなくなってくる。拍子の内奥によき耳だけが味到せんとする呼吸が内在する[29]」。

アルゼンチン出身のユダヤ人ピアニストであり指揮者である、ダニエル・バレンボイムは次のように音楽における静寂を論じている。「音と時間には関係があるということだが、それ以前に音と静寂の間につながりがある。（中略）もしある音を歌うか笛で吹くかしているとき、もうこれ以上息を吹き込めなくなると、その音はなくなる。では、音はどこに行くのだろうか？　再び静寂に戻るのだ[30]」。音が静寂の中に戻るのであれば、音は静寂の中から再び立ち現れるのを待っているということである。

ここには間に関する微妙な文化差を見ることができるかもしれない。樋口桂子は自身の海外での音楽体験から拍子とリズムの西欧と日本との違いについて次のように論じている。

日本人は音の世界においても、切断する音の展開と途切れのある音的素材を好んできた。突然音を区切り、そこにできるなにもない時間に情感と余韻を感じ取る。切ることでタメを作る。好んで「間」を作るのである。しかし西欧の音楽は、残していく音の連続の中に余韻を感じ取る。作り出される音は残るとともに次の音を予感させていく。（中略）一方、日本の音楽のつくり方は、音を切ることで生まれる、音の無い時間の中に、「無い」ことの「有」を余韻として感じ取ろうとする。無いところに有ることを感じ取るのか、無いところを絶やさないように埋めて「有る」ことの軌跡を見るのかという音への嗜好は、日本と西洋では逆向きである[31]。

こうした間の感覚が西欧と日本の絵画の空間的な間の違いにも現れているという。一見すると、西洋の存在への志向と東アジアの無への志向という思想上の対比に見事に適合する分析に思われるが、このような違いがあるとして、それはどこからくるのだろうか。日本の音楽における間は、当然、空虚ではない。西欧における、音の余韻として引き続き次の開始を希求する間と、日本における、音が一旦、途切れてしまったかのように思われる間の違いは、どこにあるのだろうか。

世阿弥は、せぬ隙によって観客を演者の身体性のうちへと呼び寄せ、観客が自分で舞っているような感じにさせる力があるという。日本における音がない間において観客は、一種の身体内の運動感覚において、その音が途切れた余韻を引き受けているのである。西欧において音として残っている余韻は、邦楽においては、聴衆の筋肉と内臓の中に響き残っているのではないだろうか。少なくとも世阿弥はそのように意図していたように思われる。それは音を運動へと変換しているから一見すると、日本の音楽は「無」の場所があるように聞こえるのではないか。しかし、西欧の音楽でも、演奏者は、そのような他の演奏者との協応を運動感覚的に行っていると思われる。

音と運動がひとつであるならば、絶対的な無音、絶対的な沈黙は宇宙には存在しない。ジョン・ケージが『4分33秒』という無音の演奏で示したのは、このことである。私たちは演奏の期待の中、いかなる雑音にも音楽を聴いてしまうのである。

晴眼者でも眠っているときは視覚を使わない。視覚が使えないときもある。しかし聴覚は常に働いている。何も聞こえていないときなどあるだろうか。視覚には死角がある。しかし音は常に私たちを包囲して、ある種の気分のうちに私たちを誘う。中井はこう述べる。

しかし、その［リズムの］意味の根底にはすでに生理的呼吸を遠く超えて、生そのものを通路として、存在の本質にただちに横超する気分としての本質理解が内在するといわなければならない。存在の理解のWieを存在現象のWasの中に自己表現的に邂逅すること、そこに仮象存在Paraexistenzの深い意味がある。そこでは気分は気合ともいわるべき構造をすらもつ。(32)

## 6 拍子とリズムの哲学

持続と機会から生じる間は、リズムと深い関係を持っている。そこで以下では、リズムを論じた過去の哲学を参考にして、間合いとリズム、音楽性についての考察を深めることにしよう。

リズムはじつは西洋哲学の隠れた重大なテーマである。「音楽とはよく拍子付けることの知識である」として、「拍子付け」は「動かすことの熟練」であると規定したのは、アウグスティヌスである（ところで、現在のアルジェリアに生まれ、現在のチュニジアのカルタゴで学び、やはり北アフリカのヒッポで司祭となったアウグスティヌスは、西洋の哲学者だと言ってよいのだろうか。かなり疑問である）(33)。ただの「拍子付け」は、音と声の伸ばし方を間違わなければ誰にでもできるが、「よい拍子付け」は自由人にふさわしい学問である音楽に属するという。さらに彼は、身体を離れるが物的なリズムを忘却しない霊的なリズムについて論じている。

本書ではこれを詳しく扱わないが、すでにアウグスティヌスに見られるように、リズムは身体運動であるとともに、宇宙的なものである。リズムは同じ現象が周期的に出現するときに認められる。身体のリズムのいくつかは環境とは独立の周期を刻むが、他のものには環境と関連するものもある。本書で扱いたいのは、身体全体が浸る環境のリズムであり、身体相互のリズムの間身体的関係である。

先の引用の中でアウグスティヌスは、ただの拍子とよい拍子の違いについて述べていたが、メキシコの作家であり哲学者のオクタビオ・パスは次のように鋭く拍子とリズムへの洞察を述べている。「リズムは測定値ではないし、われわれの外にある何かでもない。そうではなくて、リズムの中に流れ込み、〈何か〉に向かって自らを投げ出すのが、われわれ自身なのである(34)」。パスによれば、「リズムは拍ではない――それは世界のヴィジョンである。暦、道徳、政治、科学技術、芸術、哲学といった、要するにわれわれが文化と呼ぶあらゆるものがリズムに根ざしている。リズムはわれわれのあらゆる創造の泉である(35)」。それぞれの文明には本源的リズムがある。それは二元的であったり、三元的であったりするが、それらはいずれも、結合と分離、再結合からできている。リズムは、永遠に再現されていく根源的な時間なのである。

寺前典子は、アルフレッド・シュッツの音楽についての現象学を参照しながら次のように論じる(36)。すなわち、リズムは音楽体験の本質であり、あらゆる音楽の出発点であるが、またリズムはコミュニケーションを基礎づける相互に波長を合わせる関係、現象学的に言えば身体の「対化」に関わっている。音楽は本来、世界において直接に関わりのある人々が同時的にやり取りすることによって成立し、その場において生み出される。日本の伝統音楽は、こうした場においてのみ生じる間のリズムを重視し、またその間をずらす自由リズムを美としてきた。

したがって、そのリズムは書き記すことが困難であり、日本の伝統音楽は主に口頭で伝承され、楽譜は補助的な役割にとどまってきた。リズムは、本来、世界と直接的に交流する生きた身体経験である。しかし、西洋の近代的記譜法は、自分が直接に会うことのない人々と疑似同時的にコミュニケーションをするために作り出された。そして、ついに近代西洋音楽は、「拍子」という普遍時間を得て、生きたリズムを機械的に区切り、楽譜上に絶対的時間を持つ二分割の音符として記載していく。しかし生きたリズムは、この記譜法では表現できない。

機械的な拍子とリズムを対立させる発想については、ルートヴィヒ・クラーゲスの『リズムの本質』(37)を参照しないわけにはいかない。クラーゲスも、リズム（Rhythmus）と拍子（Takt）を区別する。この違いは——ここがクラーゲス哲学の特徴であるが——、リズムが生命からくるのに対して、拍子が精神からくることによる。このクラーゲスの意味での「精神」とは、宇宙と共振する生命とは離れた意識の一番外側に位置する部分のことである。それは意図的に制御され、合理的に秩序づけられた、社会化された部分である。拍子とは、人間が意識的に意図的に発生させた反復する運動である。リズムは、無意識的に自然発生的に生じた反復する運動である。この対比は、寺前の分析を考慮に入れると分かりやすくなるだろう。拍子は、見えない聴衆に向けられた人工的な秩序であるのに対して、リズムは、世界の中で身体的なやり取りとして直接生じるものであった。

クラーゲスによれば、リズムは音だけの現象ではなく、自然のあらゆる部分に見出せる。昼と夜の交代、季節の変化、太陽、月、天体の運行、潮と波の動き、風の動き、植物の成長がそうであるし、もっと細部には、色や線、形の反復パターンがある。人間の身体もリズムを刻んでいる。呼吸、心拍、脈拍、食事、睡眠、排泄、生理、性欲がそうである。リズムが文化現象に見出せるのは言うまでもない。言語がそうであり、言語のリズムは詩において顕著である。絵画、彫刻、建築、舞踏がそうである。リズムは宇宙的であり、人間的でもある。

能におけるリズムは人間の呼吸である。それは生命のリズムであり、世界とつながる「呪術的な時間の流れ」である[38]。夢野久作は能におけるリズムが、山川草木、日月星辰、四季花鳥の環境とその変化推移までを表象し、そこに霊性を与え、観客の主観に共鳴させる宇宙性について次のように述べている。

たとえばシオリと云ってその人の最高潮の音調を使う一節がある。そのシオリの最高潮の一部は非音階音にまで跳ね上げる位高いのであるが、これは咏嘆、賞讃、喜怒哀楽はもとより、曲の気分の転換、結末のしめくくり、曲中の最高、最美、最大、最深等の表現に用いらるるのみならず、シカケ、ヒラキの型と同じく、曲中の山川草木等のあらゆる背景、もしくは対象等の存在をこの一節によって深刻に抽象して直接聴者に霊的の感銘をあたえる[39]。

クラーゲスは、拍子とリズムを次の通り定義する。拍子は、同じもの（das Gleiche）の反復（Wiederholung）である。リズムは、類似したもの（das Ähnliche）の再帰（Wiederkehr）である。「類似したものの再帰」とは、過去のものが更新されて戻ってくることを意味する。「同じものの反復」は、本来、自然には存在しないものであり、機械的に制御された現象である。したがって、リズムは更新し、拍子は繰り返す。これが、リズムが生命に属するとされる理由である。意識的な制御だけが、自然の中のさまざまな要因を夾雑物として排除して、一定の無機質な反復を生み出すことができるのである。

しかし、自然の中には、純粋に反復する過程などない。自然は、新しいものを繰り返し産出する。その産出されたものの一部が互いに類似しているのである。同一性とは、思考の人工的な産物である。類似しているものは、思考の介入なしで、自然に直接的に経験される。リズムが生じるためには、見えない生命内実が不可欠であり、その後に類似のものが再帰するのである。リズムはすでに存在している同一のものが反復するのではない。リズムとは、存在が更新されて戻ってくることである。

生命は根源的にリズミカルである。鳥のさえずり、馬のギャロップ、魚の遊泳、種の継続、有機体におけるすべてのものが常に更新されている。反復することはない。自然のあらゆる現象はリズムとして理解しなければならない。何の類似性もないまったく異なったものが継起的に生じるという事態は宇宙に存在しない。何の脈絡もなく、何の継続性も、持続性もない出来事がただひたすら継起する世界など想像すらできない。新しさとは、常に（類似のものの）更新なのである。その意味で、新しさの到来としてのリズムこそが、宇宙における根源的な原理なのである。

拍子を取ることとリズムを取ることとはまったく異なる。現象学者のミケル・デュフレンヌが言うように、「リズムは、身体のもっとも生命的な深みで生み出され、展開されるのだ(40)」。形や型にとらわれて再帰性を理解するならば、この生命に内在する新しさの希求の側面が理解できなくなる。クラーゲスのこの精妙なリズムと拍子の区別はいまだに重要である。新しさの希求、これがリズムに内在している生命なのである。

## 注

(1) 世阿弥（二〇一二）『風姿花伝・花鏡』小西甚一編、たちばな出版、二八一—二八二頁

(2) 坂部恵は『〈ふるまい〉の詩学』（岩波書店、一九九七）の中で、アリストテレスの詩学と日本語の「ふるまい」という言葉の含意を照らし合わせた考察を行っている。「ふるまい」の根底に、模倣的再現としての「ふり」とさらにそれを深層で支える「まい」「リズム」「ハーモニー」を見て取っている。これは鋭い洞察である。しかし、世阿弥の「せぬひま」を、「エネルゲイア」の不動の活動の観相にあずかることを至高の生活として捉えるアリストテレスの考えと類似しているという点については、言い換えれば「せぬ隙」が観相と等しいかについては、坂部は判断を留保している。

(3) 世阿弥、前掲、二八二頁

(4) 田中彰吾（二〇一五）「心身問題と他者問題——湯浅泰雄が考え残したこと」、人体科学会企画、黒木幹夫・鎌田東二・鮎澤聡編『身体の知——湯浅哲学の継承と展開』ビイング・ネット・プレス、一三三—一五四頁、引用は一四七頁

(5) モーリス・メルロ＝ポンティ（一九七四）『知覚の現象学2』竹内芳郎・木田元・宮本忠雄訳、みすず書房、三二九頁

(6) 世阿弥、前掲、二三二—二三三頁

(7) 木村敏(二〇一六)『あいだ』ちくま学芸文庫、Kindle版

(8) 同上、No. 355–356

(9) Keil, C & Feld, S. (1994). *Music Grooves: Essays and Dialogues.* University of Chicago Press.

(10) 木村敏(二〇一六)『自己・あいだ・時間——現象学的精神病理学』ちくま学芸文庫、Kindle版、No. 3717–3722

(11) アルフレッド・シュッツ(一九九一)『アルフレッド・シュッツ著作集第3巻 社会理論の研究』A・ブロダーセン編、渡部光・那須壽・西原和久訳、マルジュ社

(12) 同上、二三九頁

(13) 現象学においては、「複定立的 (polythetisch)」とは、有意味的体験が一歩一歩、一連の過程として順次構築されることを意味している。これに対して、この一連の体験経過をひとまとまりの行為(例えば「演奏する」)として捉えることは「単定立的」(monothetisch) と呼ばれる。

(14) 塚田健一(二〇〇〇)『アフリカの音の世界——音楽学者のおもしろフィールドワーク』新書館、五八—七三頁

(15) 木村、前掲、No. 3808–3845

(16) 夢野久作(二〇〇二)『能とは何か』筑摩書房、Kindle版、No. 154–162

(17) ただし、観世寿夫は、能の本質について次のように述べている。「能の根本にあるもの、それはあらゆる人間的なものを一度否定しきった、無というような真空の世界において、しかも物凄い緊張とともに——これは武士道的な意味での気合いというのとはちがう、まったく空気を抜いた絶望的な真空の中にある虚であるとか、または微動だにすることのできない充ち足りたもの——打ち出される非常な美、しかもそこから強く個人を表現することができるようなもの」(観世寿夫(一九八一)『観世寿夫著作集(三) 伝統と現代』平

凡社、三〇頁）。確かに、能の、微細だが、あらゆる緊張と開放を一身に集めたような、冷えに冷えた舞は、一見すると、剣道のダイナミックな運動と志向性の強い気合いとは大きく異なるように思われるかもしれない。しかし、剣道の名人同士の立ち会いは、ここに観世が表現したような雰囲気を醸し出していることを言い添えておきたい。

(18) 佐藤貞雄（一九七六）『私の剣道修行』玉川大学出版部、六二―七〇頁
(19) 柳生宗矩（一九八五）『兵法家伝書』渡辺一郎校注、岩波文庫、四一―四二頁
(20) 宮本武蔵（一九八五）『五輪書』渡辺一郎編纂、岩波文庫、八一―八四頁、および、宮本武蔵（一九八六）『五輪書』鎌田茂雄訳注、講談社学術文庫、一七一頁
(21) 柳生、前掲、三七頁
(22) 同上、四二―四三頁
(23) 同上、四三―四四頁
(24) 観世寿夫（一九七九）『心より心に傳ふる花』白水社、一八一頁
(25) 西村秀樹（二〇一九）『武術の身体論――同調と競争が交錯する場』青弓社、第2章
(26) 柳生、前掲、四五頁
(27) 宮本、前掲、三四頁（岩波文庫）
(28) 中井正一（二〇〇七）『リズムの構造』Kindle 版、No. 67–74
(29) 同上、No. 56–61
(30) エレナ・マネス（二〇一二）『音楽と人間と宇宙――世界の共鳴を科学する』柏野牧夫・佐々木千恵訳、ヤマハミュージックメディア、二三三頁
(31) 樋口桂子（二〇一七）『日本人とリズム感――「拍」をめぐる日本文化論』青土社、一七八―一八〇頁

(32) 中井、前掲、No. 62-66
(33) アウグスティヌス(一九八九)『アウグスティヌス著作集3 初期哲学論集(3)』泉治典・原正幸訳、教文社、二四〇―二四四頁
(34) オクタビオ・パス(二〇一一)『弓と竪琴』牛島信明訳、岩波文庫、九三頁
(35) 同上、九四頁
(36) 寺前典子(二〇一八)『リズムからの逃走――音楽の現象学的・歴史社会学的研究』晃洋書房
(37) ルートヴィヒ・クラーゲス(一九七一)『リズムの本質』杉浦実訳、みすず書房
(38) 観世、前掲、二〇一頁
(39) 夢野、前掲、No. 698-703
(40) ミケル・デュフレンヌ(一九九五)『眼と耳――見えるものと聞こえるものの現象学』棧優訳、みすず書房、一二四頁

# 第4章 花と離見の見

前章で見たクラーゲスの理論では、リズムの持つ根源性、すなわち新しさの到来が明らかになった。間合いの本質とは、このリズムにこそある。本章では、世阿弥の「(秘すれば)花」という概念と、それが深化したものとして解釈できる「離見の見」の概念に見られる、リズムの身体性と宇宙性について考察していくことにする。

## 1 「秘するが花」

世阿弥の『風姿花伝』(1)の最後の章「花伝第七篇別紙口伝」は、舞台における「花」について詳しく論じているこの著作の最も重要な章である。この著作の第三篇までは応永七年（一四〇〇年）、世阿弥が三八歳ごろまでに書かれたとされるが、「第七篇別紙口伝」は応永二五年（一四一八年）、世阿弥が五六歳のときに書かれたとされている。

世阿弥は、演者の身体を通して発現するあらゆる魅力を「花」に喩えている。能の花を知るには、植物の花が咲くのを見て、この喩えを理解するとよいと言う。小西甚一訳では次のようになっている。

いったい、花というものは、あらゆる草木において、四季の時節に咲くので、ちょうど咲くべき時に咲くのを新鮮に感ずるため、人びとが賞翫するのである。申楽においても、観客が新鮮に感ずる点がすなわち、おもしろさなのである。したがって、「花」とおもしろさと新鮮さと、この三者は、同じ意味あいなのだ。(2)

観客が魅了されるのは、めずらしさであり、新しさである。このめずらしさは、花で言えば、花が散りまた咲くからこそ、生まれると言う。そして、ここでの珍しさとは、奇を衒ったもの（「世になく風体」）ではありえない。花といっても、昨年咲いた花と変わりがない。能もひと回りして時間がたつことで新鮮に感じるものである。珍しさといっても、特別なものが存在するのではなく、演者が、さまざまな役を演じて、芸理を考究し尽くして、新鮮さが生まれるようにするということである。

このように世阿弥は論じるが、これはまさしくクラーゲスの言う「類似したものの再帰」としてのリズムを意味しており、更新としての新しさのことである。ところで、世阿弥の晩年の著作『拾玉得花』では、「以前申しつる、面白きと云ひ、花と云ひ、めづらしきと云ふ、この三つは一体異なり。これ、妙・花・面白、三つなりと云へども……」[3]としている。「めづらし」は「妙」と言い換えられているが、この妙については、天の岩戸がくれの神話を引いて、岩戸が閉じていて闇にあって言語を絶した状態を「妙」と呼び、岩戸が開いて明るくなった状態を「花」、さらにそれが客観化した状態を「面白」と呼んでいる。ここにおいて、花を生み出す珍しさとは、まさしく、隙間からさす光としての間を意味しており、花をもたらす舞と演技とは、間合いを心得た演技のことだと言えるだろう。

さて、世阿弥の言葉として有名な「秘すれば花なり。秘せずは花なるべからず」[4]という言葉も「別紙口伝」に書かれている。ここでは、秘すことが、「弓矢の道」「名将の案計らひ」と比較されている。すなわち、意表外の駆け引きや智謀によって、相手の虚を突くことが秘すことであり、能においても観客の心に思いがけない意外性を与えることが、演技を花とする方法だと言うのである。

花は、観客がそれを花と感じなければ、花ではありえない。その意味で能は観客本位の芸能に他ならないが、観客は好みも千差万別で、謡も舞も、動作も演技もそれぞれの場所で好みが異なってくる。そこで、世阿弥は『風姿花伝』では次のように述べている。「本来、善と悪との区別は、どうして決定できよう。時と場合によって、うまく適合するものを善いとし、適合しないものを悪いとするにすぎない。能における各種の芸態も、観客とか土地とかによって、その時にいちばん普遍的な好みに応じて選び出した芸態が、その適合性において花となるわけだ[5]」。

しかし、相手や観客に応じて、謡や舞の仕方を変えて、それぞれの場合に花とすることは、多様な敵に応じて、その都度の隙を見つけることにどこかで近く、不安定さを免れないだろう。観世寿夫によれば、『花鏡』や『至花道』など、六〇歳ごろにしたためた伝書の中で、「秘する花」という考え方は大きく発展し、「離見の見」という境地に至ったとしている。以下では、これまで何度か触れてきた離見の見とはどのような考え方なのかを見ていこう。

## 2 離見の見とは何か(6)

「離見の見」は、世阿弥が六二歳のときに記した『花鏡』(応永三一年、一四二四年)の一節で論じられる概念である。世阿弥は六〇歳で出家し、禅宗の影響も強く受けているとは言え、離見の見は、彼の考案した概念であるというのが現在の解釈である。

以下に原文と、山崎正和による現代語訳を、きわめて重要な考察の対象なのでかなり長くなるが、引用しよう。

また、舞に、目前心後と云ふことあり。「目を前に見て、心を後に置け」となり。これは、以前申しつる舞智風体の用心なり。見所より見る所の風姿は、わが離見なり。しかれば、わが眼の見る所は我見なり。離見の見にはあらず。離見の見にて見る所は、すなわち見所同心の見なり。

その時は、わが姿を見得するなり。我が姿を見得すれば、左右前後を見るなり。しかれども、目前左右までをば見れども、後姿をばいまだ知らぬか。後姿を覚えねば、姿の俗なる所をわきまえず。

さるほどに、離見の見にて、見所同見となりて、不及目の身所まで見智して、五体相応の幽姿をなすべし。これすなわち、心を後に置くにてあらずや。かへすがへす、離見の見をよくよく見得して、眼、まなこを見ぬ所を覚えて、左右前後を分明に案見せよ。さだめて花姿玉得の幽舞に至らんこと、目前の証見なるべし。

担板漢に云はく、「そうじて舞・働きに至るまで、左右前後と納むべし。(7)」

現代語訳(8)

また舞については「目前心後」というきわめて重大な心得がある。眼で前を見ながら、さらに心の眼を自分の背後に置かなくてはならないという教えであって、これはとくに、先に述べた舞智風体の至高の風情の生むについての配慮である。

いったい、観客によって見られる演者の姿は、演者自身の眼を離れた他人の表象〈離見〉である。いっぽう、演者自身の肉眼が見ているものは、演者ひとりの主観的な表象〈我見〉であって、他人のまなざしをわがものとして見た表象〈離見の見〉ではない。もし他人のまなざしをわがものとして見ることができるならば、そこに見えてくる表象は、演者と観客が同じ心を共有して見た表象だということになる。それができたとき、演者は自分自身の姿を見とどけえたわけであるが、自分自身の姿を見とどけたのであれば、左右前後、四方を見とどけたということになるはずである。しかしながら、人間の肉眼は、目前と左右までは見ることができても、自分の後姿を見とどけたためしはないであろう。だが、能の演者は自分の後姿まで自覚していなければ、思わぬところで表現が通俗になるものである。したがって、われわれは他人のまなざしをわがものとし、観客の眼に映った自分を同じ眼で眺め、肉眼の及ばない身体のすみずみまで見とどけて、五体均衡のとれた優美な舞姿を保たねばならない。これはとりもなおさず、心の眼を背後において自分自身を見つめるということではないのだろうか。

かえすがえすも、他人のまなざしをわがものとして自分の姿を見る技術を体得し、肉眼は肉眼自身を見ることができないという仏教の箴言を肝に銘じ、心眼を開いて前後左右をくまなく見とどける工夫をこらすべきである。そのようにして自分自身の姿が見えてくるようになれば、それはまぎれもなく、玉や花に較ぶべき優美このうえない表現ができていることの、疑うべくもない証拠だといえるであろう。

禅林には「担板漢」という俗語があるが、これは板をかついで前しか見えない男の意味で、一方的な見かたしかしせぬ愚かな人間を罵る言葉である。面をつけ舞台にあがっていると前しか見えず、ふと自分をこの「担板漢」のように実感する私だが、その私がいましめていうのである。舞もしぐさも、つねに前後左右を隙なくおさめて演じなければならない。

「離見の見」は、『至花道』、『遊学習道風見』、『五位』、『九位』、『六義』にも見られる。『至花道』では、実際の演技の場を離れて、後で思い出したときに得られる感動を「離見の見」と呼んでいる。しかし『遊学習道風見』以降の著作では、この用法とはかなり異なる意味で用いられるようになり、『花鏡』で最も明瞭に論じられている。本書で論じるのは、この『花鏡』での概念である。

離見の見は、上で見たように、舞の基本的な表現様式のひとつ「舞智風体」の演じ方の心得を言ったものである。「舞智風体」とは、一義的には、技巧的な手業や仕草を用いない表現を言うが、それが能全般の表現に関わる心得として拡張されている。まず、世阿弥は、浄善の「禅林宝訓」にある言葉である「眼、まなこを見ぬ」こと、すなわち、主観がその対象を見ることはできても、自分自身の視線自体を見ることはできないことを指摘する。

しかし、離見の見が、「我見」の主観性、あるいは、方向性を持つ視線の限界を超えることであるとすれば、それはいったいどのように可能なのであろうか。間合いということで言えば、空間的には、演者と観客のあいだには大きな隔たりがある。このあいだの差異を世阿弥はどのように埋めるのであろうか。空間的距離や方向性だけではなく、異なる主観という一見すると絶対に思われる距離を埋めることなど可能なのだろうか。以下でこれを検討しよう。

## 3　「不及目の身所」を見る

離見の見は、しばしば自分から距離を取り、他者の視線から客観的に自分を見ることだと解釈されてきた。一般的に、現代社会で「離見の見」という言葉が使われるときには、この意味で用いられているだろう。しかし、他者の判断基準で自分を評価することそれ自体は、それほど難しいものではない。単純に言えば、他者の評価に耳を傾ければよいからである。自分では自覚しにくい自分の姿を、他者の評価から捉えることは、表現者であれば通常のことであろう。

しかし難しいのは、ここで問題となっているのが視線だということである。視線は評価ではない。何に目をつけ、どのような基準で評価するか、そうしたことが決まっていない状態でおのれを眺めることが問題となっているのである。離見の見は、まず何より「我が姿」、「不及目の身所」を見るためのものであるという。演者が「我見」において見るものは、自分の「目前」と「左右」であり、背後は見えない。いま背後にあるものを見ようとして振り返れば、今度は別の背後が生まれる。見えない背後とは時間的な遅れでもある。さらには、自分の背中は、人体の構造上、原理的に直接見ることができない。人間の認識や行為が一定の方向性、あるいは志向性を持つということは、この身体構造から派生している。志向性に根本的に含まれている身体性を忘れた哲学の議論は、まったく的はずれである。

上で見たように、視点や行為の見えない部分を見ることを、世阿弥は「目前心後」と表現しているが、この言葉によく表わされているように、見えない部分を見るものとは、方向性を伴わざるを得ないまなざしではありえない。自らの後ろに置くものはまなざしではなく、心である。自分の背後を見る自分の「心」とは、観客のまなざしである。心は、観客のまなざしをわがものとし、離見を身につけたときに獲得できると世阿弥は言う。それは、見所同見、すなわち、演者と観客とが共有する心を持つことである。

しかしながら、観客のまなざしは、能の演者が劇中人物になりきっている限り、存在するはずのないものである。それは、舞台の外から、演劇的世界の外からやってくる超越的なものである。離見の見において演者に要請されているのは、劇中の人物でありながら、劇中に存在するはずのない観客の視点を取り入れることである。演者は、劇中人物となり、かつ、それを自覚的に演じる一人の表現者にとどまらなければならない。これは、現に行われている舞と演技のうちに全面的に没入しきらないことである。演者は、面をかぶってある役を演じきり、かつ、同時に、演者本人の素顔で居続けることである。能は、演劇空間の外部を内部に本質的に引き入れた演劇空間であり、常にメタ演劇でもある演劇である。

## 4　役地と離見の見の同型性

劇中に存在しない外部の視点を取り込もうとする世阿弥の態度は、劇中人物の詞章や脚本の次元においても現われる。小西甚一が指摘したように役地がそうである。[9] 通常、演劇では、登場人物は一人称で語るであろう。しかし能においては、舞台上の演者自身が、自らの行為やその状況などを、三人称で、自分自身に距離を取るかのように語る（謡う）ことがしばしばある。たとえば以下のような場合である（傍点は筆者による）。

自然居士の台詞「ゆふべの雨の雲居寺、月待つ程の慰めに、説法一座述べんとて、導師高座にあがり、発願の鉦打ちならし、……」『自然居士』

遊女の台詞「このうえはとかく辞しなば恐ろしや。もし身のためや悪しかりと、憚りながら時の調子を、取るや拍子を進むれば……」『山姥』

これらは舞台の登場人物の科白である。傍点のない部分は、登場人物が演じている役の一人称の視点で語る通常の科白である。それに対して傍点の部分は、登場人物の行動やその状況を、客観的、第三者的に説明したものである。本来ならば、そうした説明的・叙事的描写は、能では地謡が担当する。地謡とは、場面の状況やその歴史的経緯、さらに登場人物の心中や心象風景をも語る、時間や場所に制約されない三人称的語り手である。劇作家であり、評論家であり、日本にも赴任した外交官でもあったポール・クローデルは、地謡を「非-人称的コメンテーター」と形容した。(10) 地謡を担当する地（謡）方は、舞台に上がってはいるが、劇中人物ではなく、科白の上でも交渉はない。地謡方が座る場所（正面向かって右手）は地謡座と呼ばれるが、演者が登場する舞台とは区別されている。地謡は、空間的にも内容的にも演者ではない。

小西は、本来ならば地謡が担当すべき部分をシテが謡うことを「シテ地」と呼ぶ。シテを呼び出し、その相手役となるワキとシテの掛け合いの中に役地が複合的に用いられる場合もある。小西によれば、ここには「反射視点」という能に特有の技法が用いられている。本来一人称であるシテが、三人称である地謡の視点を取り、地謡という鏡に映った自分の姿を謡うからである。(11)

場面の状況や経緯、登場人物の心中を語る地謡（この地謡による語りは「クセ」と呼ばれる）は、観客と同じく、劇の外部にいる存在である。三人称とは、一人称と二人称の相互反転的な対話の外にいる人物のことを指す。役地とは、この意味で、離見の見と同じ技法に基づいている。しかし、なぜシテ自身が、地謡が存在しているにもかかわらず、自らが置かれた状況や経緯、動作や状態を描写し、説明しなければならないのであろうか。

## 5　呪言と幽霊の主体化

このことを理解するには、能が成立した歴史的経緯を考える必要がある。能は、その源流において神（仏）事であった。能舞台の鏡板には松が描かれているが、これは、能が元来、神を迎えた松の下で行われたことを意味している。

能の起源は、奈良時代に大陸から持ち込まれた散楽に遡る。散楽は、唐代に栄えた民間芸能で、曲芸歌舞奇術などの雑芸からなるが、これが日本古来の俳優《わざおき》の芸などと習合し、物まね・寸劇的要素が加わり、平安中期には「猿楽」と呼ばれるようになったという。さらに、その猿楽は、鎌倉中期に至ってむしろ寺社・武士層に支えられて地方で盛んになり、祝禱芸である「翁猿楽」によって民衆の信仰に結びつく。また一方で、寺院の法会後の余興たる「延年」の影響を受け、能と呼ばれる劇形態の芸能が生じた。

鎌倉以降の猿楽は、その組合である座を寺社に置き、寺社の恒例・臨時の神（仏）事や祭りに奉仕し、奉納芸能として発展してきた。神官や僧侶によって行われる神（仏）事は庶民にとって難解で神秘的なものであったが、猿楽者は、仮面をつけた「物まね」によって、神の姿を具体化・具象化して人々に示した。能は、その起源と発展において、祭儀性や神聖性を帯びていた。現代でも「翁」は能の根本とされ、特別視されているが、それは、「翁」が平安時代の呪師猿楽に源を持ち、その祝儀的

**図1**　奉納神事でもある黒川能（2018年5月）（筆者撮影）

な神聖性が、能の本質を表現しているからである。

このように能が神事に深く結びついていたならば、その謡も、折口信夫が言うような、神事に発せられる「呪言《ジュゴン》」の形態を色濃く残している。折口は呪言に日本文学の発生を求め、いわゆる「文学の信仰起源説」を主張したことで知られる。この説が、国文学の発生一般に妥当するかどうかを検討はできないが、とりわけ神事に関係の深かった能についてはあてはまると思われる。

折口は、『国文学の発生（第四稿）[12]』で、呪言の原初形態について次のように主張する。呪言とは神の発語による叙事詩である。日本文学は、もともと神授と信じられた呪言、すなわち、神憑りの精神状態からくる詞章が、繰り返し発せられ、決まった形を取るようになり、それが村の神人から神人へと伝承されて、叙事詩のようになったものから生まれたという。国文学発生の問題はさておき、ここで注目すべきは、「呪言」と人称性についての議論である。折口によれば、叙事詩としての「呪言」は、その当初、形式的には神による自叙伝的な、すなわち一人称的な語りの形を取っていた。「一人称式に発想する叙事詩は、神の独り言である。神、人に憑って、自身の来歴を述べ、種族の歴史・土地の由緒などを陳べる」[13]。

この呪言の過程は、まさしく能、とくに夢幻能と呼ばれる演目の流れそのままである。夢幻能はしばしば以下のようなストーリーで展開する。漂泊する旅の僧侶（ワキ）がある場所に至ると、どこからともなく土地の女性が現れ、その土地の名所やゆかりの物語などをひとつひとつ説明し始める（「名所教え」）。そのうち、話はだんだん深刻なものとなり、僧侶はこの人物が普通の人間ではないことに気づく。そのことを女性（シテ）に尋ねると、女性は自分の正体をほのめかしながら、もう一度現れることを告げて、消えていく。僧侶が夜もすがら女性の再来を待っていると、先ほどの女性が正体を露わにしつつ（遠い昔の歴史的人物であることが多い）、舞を舞う。朝になり僧侶が目を覚まして我に返ると、女性は消えていたという話の筋である。

漂白する僧侶は、ある場所で、過去の貴人がさまよう異界に招かれる。シテは主人公である。ワキは、シテが舞っているあいだ地謡方の前で座っているだけである。ワキの活躍は多くはない。最初にシテの話の聞き手となった後は、座っているだけといっても言いすぎではない。しかしワキがそこに存在していなかったら、舞台の上でシテが舞う姿は、ワキではなく観客へ向けられたものとなる。するとそれは、まるで理由も根拠もない、意味不明のただ美しいだけの舞や歌に終始してしまうだろう[14]。

ワキが存在することによって、観客はシテとワキにとっての三人称的な立場に置かれる。ワキの存在は、観客を舞台の外に追いやり、出来事の傍観者たらしめる。ワキは、幽霊であるシテの呼び出し役である。いや、そもそも、シテはワキの夢の中に現れているのであろう。シテはワキが見た夢幻であり、観客はワキの夢の中に導かれている。もしワキがいなければ、その名所では何も見えないし、誰も現れないはずである。観客は、二人称であるワキを通して、一人称であるシテを眺める第三の人々である。

したがって、ワキそのものが、シテが出現する舞台になっていると言うこともできよう。ワキがシテの夢を見たのは、その場所を訪れたからである。だが、能で最も中心的な役割は地謡である。ワキがある場所に滞留し、それに引き寄せられるようにシテが現れ、ワキとシテのやり取りは地謡に受け継がれる。そして、シテを本来の姿（歴史上の人物や精霊など）になるように呼び出すのは、地謡である。ワキはシテの舞台であり、地謡はシテの動機である。

ここで呪言の話に戻ろう。折口によれば、呪言は、かなり古代のころより呪言は「地《ジ》」と「詞《コトバ》」に分化し始めており、そこから三人称風の文体、つまり叙事的な文体が生じてきた。呪言においては、次のように「地」と「詞」が分化して生じてきたという。

呪言の中に既に地《ジ》と詞《コトバ》の区別が出来て来て、其詞の部分が最神秘的に考へられる様になって行った。すべては、神が発言したと考へられた呪言の中に、副演者の身振りが更に、科白を発生させたのである。そうすると、呪言の中、真に重要な部分として、劇的舞踊者の発する此短い詞が考へられる様になる。此部分は抒情的の色彩が濃くなって行く。其につれて呪言の本来の部分は、次第に「地の文」化して、叙事気分は愈深くなり、三人称発想は益加って行く。[15]

野口武彦によれば、折口の呪言と人称性に関する主張は、次のように定式化できる。[16]

「……「神語」…………(語部の語)…」
「……「詞」……………(地の文)……」
「……「直接話法」……(地の文)……」

最後の形態は、現在日常的に使う話法を含んだ文の形態である。呪言の変形のうちに話法の原初形態が表れている。私たちが最後の形態の文章を口頭で語るときには、書き言葉のように記号や印で区別できるわけではない。直接話法では、他者の発言を引用し、その他者の語り方を模倣する。他者が語る話法の部分を、自分の発言の中に取り込んだものが直接話法である。

とすれば、シテは、地謡に引用される最初の話者だったのだ。文の全体を歌うのは地謡である。しかし能では、地謡が間接話法によってすべてを説明してしまうことはない。シテによる直接話法の科白が残されているのは、シテが語りかけるワキが存在するからである。ワキがいなければ、この物語のすべてを、地謡が間接話法と地の文を用いて説明しきってしまうだろう。そうなれば、シテが登場する必要がない。地謡に三人称的な地の文を割り振り、シテに一人称として科白を語らせるのは、シテの話を聞く、二人称であるワキが存在しているからである。つまり、二人称であるワキが、一人称のシテと三人称の地謡を同時に発生させるのである。ここには、人称における、聞き手である二人称の根源性が明らかになっている。この二人称の根源性に、私たちは再び、能が間合いの芸能であることを確認できるであろう。

まとめよう。最初、遠い昔に彼の地で語った者はシテである。シテはすでに亡くなって久しい。地謡は、忘却のかなたにあるシテの語りを引用し、シテの物語のすべてを地の文として説明し尽くそうとする。そこからシテを再び生きた話者として出現させるのが、ワキである。ワキは、シテにとっての二人称の役割を担うことによって、シテを再び一人称＝主体として復活させる。詞の部分は、もともとは神＝シテの発話である。しかしその神はすでにいなくなり、地謡によってしか伝えることができないし、地の謡がなければ記憶から呼び覚まされない。シテは地謡によって思い出せられ、ワキによって主体化される。地謡によって場が設定され、ワキによって語る者として出現する。ワキがシテを呼び起こすことによって、地謡は、三人称性と客観性が強い説明的な語りへと変じていく。ここに見られるのは、消失した者、死んだ者、忘れ去られた者、すなわち、幽霊の主体化の過程なのである。地謡の語りは、もともとは大昔のシテの語りであった。そのシテの語りはその場所に滞留し、ワキがその場所を訪れたときに地謡としてシテの語りは復活する。それを聞いたワキの存在によってシテは主体として現れることができるのである。これは剣道における後の先、無拍子の打ちと同じ構造をしていることはお分かりだろう。剣士は場を作り、相手を主体として成り立たせ、自分に打ち込ませるのである。

## 6　バフチンの腹話性とシテ地

さてこれまで、能の科白を通して、シテ、ワキ、地謡の役割について論じた。これは、ミハイル・バフチンの言う「腹話性」の過程と照応するとより多くのことが明確になる。

私たちは他者から言葉を学ぶ。ひとたび学んだ言葉は完全に自分のコントロールのもとにあると信じている。しかしバフチンによればそうではない(17)。他人の言葉はある意味で自分の中で自分にとっての異物であり続けている。他人の言葉は、習得した人の脈絡の中に移し入れられても、そのもともとの指示対象と意味を保持し続け、その言語上のつながりと独立性も、たとえ痕跡レベルであったとしても、保存し続けるというのだ。それは、いくら地謡が語り尽くそうとしても、シテが幽霊として現出してしまうように。

私たちは言葉を教育者とのコミュニケーションの中で獲得する。それは、最初は他人の声を模倣し、借りることから始まる。言葉を学ぶとは、他人の声を通して話すことであり、腹話することである。そして次第に、その言葉の中に自分の志向とアクセントを住まわせ、言葉を支配し、徐々に自分自身の声にしてゆく過程である。

しかし、そうした他者の声をわがものとして専有するまで、言葉は中性的で非人格的な言語の中に存在しているのではない。私の言葉は、半ば他者の言葉として、他者のコンテキストを引き継ぎながら、他者の志向に奉仕しながら発せられる。しかも、他人の言葉を自分のものと専有できるとは限らない。頑強に抵抗し、相変わらず他人の言葉として異物のようにとどまってしまい、自分のコンテキストになかなか同化できない言葉もある。他人の発話を完全に吸収できるとは限らず、しばしば異物性をひきずったままの借用にとどまっていることもある。

しかしバフチンによれば、こうした多声性、すなわち、さまざまな他人の声の残響が異物のままにとどまり、もともとの指示対象を保持したままに自分の声と衝突すること、ここにこそ思考がある。思考とは、多様な声のあいだの絶えざる交渉であり、対立であり、闘争であり、調停であり、和解や妥協である。腹話とは「声のアリーナ（闘技場）」なのである。(18)

バフチンの理論と、折口の呪言起源説、能の科白の分析は一致していないだろうか。私たちは誰かから言葉を学び、その言葉を自分のものとして取り込み、使用する。しかし誰かから学んだその言葉は、地の文、すなわち、私たち自身の発話からどこかしら浮き出てしまい、神語や詞やシテの科白のように半ば独立しようとする。私たちに言葉を教えた人々の言葉が、私たちの口から人魂よろしく飛び出ようとするのである。バフチンの理論に欠けているのは、その腹話性を露わにするワキの存在である。ワキが私の中の他者に語りかけたときに、私たちの中の他者は他者として目覚める。私たちの通常の対話の中でワキの役を演じるのは誰であろうか。これは後日のテーマに残しておこう。

では、シテ地とは何であろうか。シテ地とは、シテという劇中人物が、説明文である地の文までも自分で語るということである。それは、シテが、自分が主体として成立する基盤と過程を説明することである。シテ地とは、地謡によって動機づけられ、ワキによって主体化された自己の成立条件を自覚することである。シテは土地の名所を紹介することで、その土地から思い出され、ワキによって指名される。その過程を通じて、シテは自己意識を持ち、自分が何者であるかを自覚する。土地の記憶が個人となっていく。こうして、シテは、地謡を自分の物語として引き受けて実体化して、舞を舞う。自分自身を「図」としながら、地謡を文字通りに「地」として後景に配置することで、自分を舞台に登場させるのである。

シテは、劇中で何度も、自分が何者であるかを名乗る。それは固有名を持った存在となってはじめて、物語られる客体から物語る主体へと転じることができると幽霊が考えているかのようだ。シテは、環境（地謡）から目覚めるように命じられ、対話の聞き手たるワキによって（二人称によって）名指されて実体化する。現象学的に言えば、超越論的主観性（一人称）となるには、まず具体的個人でなければならない。超越論的主観性は、第一に、経験的主観性（固有名のある個人）でなければならないのである。超越論的主観が世界に意味を与えつつ、経験的主観になっていくと考えたフッサールたちの考え方は、まるきり順序が逆転していたのである。匿名の超越論的主観性は、二人称の人物によって指名され、自らの固有名を名乗るときに、そのときにこそはじめて到来するのである。現象学者のように、一人称があらゆるものに意味を与えていると考えることは、地謡という三人称の説明役を一人称と取り違えることなのだ。超越論的主観性は、自らの固有名を名乗ることによって、経験的主観から分離する。

川田順造は、能における主体のあり方を次のように論じている。「ペルソナと語りの人称が融通無碍な性格が、能ほどあからさまな領域もないだろう。(中略) このような能の表現に接していると、まず単子としてペルソナがあって、その交錯や変換が起こっていると考えるより、自然界に包みこまれた未分化の人称的世界に、登場人物や、元来の意味でのペルソナである面によって、かりそめの切れ目が入れられて物語が進行していると見るほうが、妥当ではないかと思えてくる」[19]。この未分化の人称的世界とは土地の記憶である。その土地の記憶を思い出させ、最初にシテを登場させたのは、ワキである。ただ聴くばかりの漂泊する僧侶である。

## 7　再び、離見の見とは何か

離見の見とは、全方位的に観客に囲まれている能演者が、自分の視線の届かない背後を見るための心得であった。それは自分を観客の視点から客観視するものとして理解されることが多いが、問題は、その客観視とは何のことかである。

自分の視線が届かない文字通りの「不及目の身所」の範囲は意外に狭い。そこに気を配りながら舞うこと自体はそれほど困難とは思わない。離見の見とは、むしろ観客を演技に引き込み、演者の舞う場を完成させるための工夫であろう。

先に述べたように、能演者は、せぬ隙によって、観客の身体を演者の身体運動の空隙へと誘い込み、その内的運動へ共鳴させる。音曲と謡の中で、演者と観客の身体は共振する。こうして、共振した観客の視線が四方から集まることで、舞台には視線の網ができあがる。演者と観客が共有しているのは、音曲であり、謡である。観客席にせり出した能舞台の上で演者は、四方からの観客の視線に押し支えられているかのようである。離見の見は、それらの視線の円形の束の中で自分の身体を意識することである。観世寿夫はこう述べている。

能舞台は観客の中へ押し出した立方体の空間ですが、その中に立つ演者は、目に見えない力によって無限に前後左右から引っ張られた中に立っていて、その無限大に通した力を内面の息のつめひらきやからだの動きによって、集約したり開放したりする、それが謡われている詞章なり旋律なりリズムなりと一体化して何らかの訴えを感じさせるわけです。[20]

観客の視線は音曲と同調して、目に見えない引力をその視線の網に伝えてくる。「無限に前後左右から引っ張られた」中で演者が舞うときには、観客の視線に引っ張られて、いわば受身の運動を行うことになる。このように、受動的に体験される運動感覚によって、動きに自分が運ばれることで舞うようになったときには、舞は意識的に自己身体を制御しようとするときに生じてきてしまう強ばりや緊張、不自然さを克服することができる。[21] 西平が指摘するように、離見の見とは、観客を誘い入れるまなざしであり、その地平で無心に舞うとき、最も観客を引き込むのである。[22] この能の観客を引き込んで自分の舞を完成させる方法は、柳生宗矩の活人剣と共通している。剣道で言う「後の先」を、あらゆる角度に配置するのが、能演者なのだ。

しかし観客の視線はただ舞を見る視線ではなく、音曲を聞き、謡を受け止めた者の視線である。見所同見という場合に、演者と観客が絶対的に共有しなければならないものとは何か。ここで、能の物語が意味を持つ。共有すべきは、地謡が謡う物語、つまり、場所の記憶であり、人物の記憶である。地謡こそが、演者と観客が同見となる場所なのである。シテ地によって、シテは、地謡の謡う場所の記憶を自分のこととして思い出し、聞き手であるワキの存在によって個体としての自己意識を得る。

観客の視線は劇中にない視点であり、それを取り込むことにより、演者は役を演じている自分を観客とともにひとつの役として見ることができる。演者は劇中人物に成りきりながら、観客の視点によって演者個人、能演者である何がしという現代を生きている個人に連れ戻される。それは役に取り憑かれた自分を、再び一人の演者へと引き戻すことである。

観客の視線を自己の演劇の構成素とすることによって、自分を役ではなく、ひとつの身体として、あるいは個性ある演者として、観客の視線の中から摑み出してくる。ここでも、特定の個人（シテが演じる役＝歴史上の人物）として名指されることによって、演者はその演劇世界を俯瞰する超越論的主観となる。演者は、シテという経験的主観から、超越論的主観として出立するのである。

離見の見とは、演者が舞台の上で一人の演者という個人に戻るための、戦略だったのである。それは、役に囚われ、取り憑かれた状態から脱出するための方法である。地謡と観客を取り込んで生きる個人となれない者は、役から距離を取ることができず、一人称となれない。ただし、ここでの個人とは、声と体の訓練によって、強い演技への意志を観客のみならず、自分自身にも意識する必要がないほどの境地に達した演者のことである。

以前に型について議論した箇所で述べたように、能の演技では、究極的には、いかにうまく役になりきるかが問題になるのではない。戯曲や役を踏み台にして、自分の現在生きている実存を舞台の上に投げ出して見せることこそが演技である。観世寿夫は言う。「演技者の本来の自己とでもいうべき特性が、内面から湧き上がるように表われ出てくるとき、ある日の能は完成する。それがなければ能にはならない[23]」。凄まじいばかりに稽古を繰り返した上で、役の中に閉じ込められているだけの存在であるならば、それは人間ではない。

だが、世阿弥が言っているのは、見所同見である。観客も、先に述べたように、演者のせぬ隙に引き込まれて、観客の身体もその空隙へと身を移すことになる。こうして、演者という主体の成立の過程を、目撃するというよりは、「ふり」「まい」としてともにする。観客は、自分自身も幽霊として呼び出され、演者とともに幽霊の役から解き放たれる。能のもたらす鎮魂の儀によって、いわば「成仏」するのである。哲学者の古東哲明は、きわめて適切な言葉でこのことを表現している。「その意味で、演者（シテ）は殺害者（シテ）。かれは観客を殺しにこの世に降りてくる。どれだけ深く殺せるか（成仏させることができる）が、演者の技倆でありかつ日々の鍛錬の目標となる[24]」。

おそらく、世阿弥が求めていたのは、無、すなわち真の自由である。そしてそれは、遊びの中ではじめて成立する。遊びを知らない者は、役に閉じ込められ「成仏」できない。そして、ここで言う真の自由とは、おそらく無意味のことである。それは純粋な創造のことである。それが「遊び」の世界である。夢野久作の以下の一節は能の、そして剣道の究極の原理を語っているように思われる。長くなるが引用する。


鳥の歌も同様である。

ある種類の鳥の唄う諧調は、全然無意味のまま、相似通っていて、春の日の麗らかさに調和し、駘蕩の気分を高潮さすべく、最もふさわしい諧調にまで、元始以来洗練され、遺伝されて来ている諧調の定型であるかのように思われる。

そうしてその蝶の舞いぶり、鳥の唄いぶりが、人間のそれと比べて甚しく無意味であるだけそれだけ、春の日の心と調和し、且つその心を高潮させて行くものである事は皆人の直感するところであろう。

人間の世界は有意味の世界である。大自然の無意味に対して、人間はする事なす事有意味でなければ承知しない。芸術でも、宗教でも、道徳でも、スポーツでも、遊戯でも、戦争でも、犯罪でも何でも……。

能はこの有意味ずくめの世界から人間を誘い出して、無意味の舞と、謡と、囃子との世界の陶酔へ導くべく一切が出来上っている。そうしてその一曲の中でも一番無意味な笛の舞というものが、いつも最高の意味を持つ事になっている。(25)

## 8　物乞いとしての無心

これまで本書では何度か「無心」という概念について触れてきた。本章の最後にこれについて論じておこう。無心は、西田幾多郎や鈴木大拙、井筒俊彦など多くの論者が、禅仏教の文脈で熱心に論じてきたテーマである。無心は、異なった文脈から多重的に語りうる、複雑で、多義的な概念である。本書では、そのすべての側面を扱うつもりはない。ただし、能の稽古を通した無心については、西平直は決定版とも言える研究書を書いており、ここではそれを参照しながら、間と間合いの観点から考察してみよう。(26)

無心という言葉について興味深いのは、それがそもそも歴史的にはさまざまな意味を纏ってきた経緯があり、平安時代の終わりには、無心は文字通りに「心無い」こと、すなわち、「思慮がない」「気が利かない」「風流心にかける」「情趣を解する心がない」といった嘲笑的な意味で使われたことである。しかし禅仏教の影響から、鎌倉時代のあいだに無心は、「生の執着からの離脱」「死への恐れからの解放」といった肯定的な意味を持つようになった。ここから、無心は、自己への執着から離れることを意味するようになる。それが哲学的あるいは美学的に決定的な意味を持つようになったのは、やはり世阿弥の『伝書』の影響からである。したがって、無心という概念の意味は大きく変じてきたし、これまでの論者は、禅仏教の影響で肯定的意味を纏った無心の概念こそを論じてきた。

しかし、嘲笑的な意味での「無心」はいまでも使われている。「金を無心する」と言ったときの、「(遠慮なく人に金品を) ねだる」こと、「せがむこと」「(思慮分別のない) 無神経なこと」は、現代語の辞書でも見あたり、頻繁とは言えないまでも、ときに私たちはそういう意味で「無心」という言葉を用いている。

物乞いは偶然を装いながら、自分の方に近づいてくる。私たちはそれが物乞いであることにうすうす気づきながらも、不意打ちのような一言や態度でそちらの方を向いてしまう。物乞いはすかさず金品を請う。ある人たちは、某かの金銭を施与する。それを嫌う人たちは、取ってつけたような拒絶の表情を浮かべて、あるいは、後付の拒否の言葉や仕草を投げつけて、足早にその場を立ち去ろうとする。しかし、どの場合にせよ、彼らは物乞いに、少しは追い込まれてしまっているのだ。

物乞いは、私たちの生活の流れと文脈に、突如、活を入れる。「このような人生もある」とも主張せずに、そのようなものとして現前しながら、物乞いは私たちの人生を問い直させる。物乞いは、人に何かをねだり、せがみ、相手を外部に引き出し、共通の場へと巻き込んでいく。端的に、物乞いは何かが是非必要であり、いまそれが手元にないので、他者にねだるのである。逆から見れば、物乞いを恥じる意識、配慮や思慮分別とは、本来、己のみに帰してはならないものを己に帰すことではないだろうか。必要なものとは、自己を超えたところからやってくる必然である。しかし人は、しばしば、その必要を心から生まれるのだと誤って考えている。無心とは、その帰すべき場所だとされる心をなくすことである。無心とは、物乞いという当然の振る舞いを恥じらうような余計な気持ちを削ぎ落とすことである。仏道に打ち込む僧侶は、遠慮も会釈もなく、物乞いの修行ができる。じつは、これこそが、無心の本質なのではないだろうか。

では、世阿弥が言う「無心」とは何であろうか。無心とはもはや「用心」しない段階のことである。用心とは、くまなく自分の身体の動きに注意を行き渡らせることである。しかしこの用心している段階は、最高の位の演技には到達していない。西平の解説によれば、無心とは、「もはや用心することがない。思うままに演じて用心などすることがない。その時その場の舞台において、なすべきことが向こうからやってくる。それをそのまま受け入れるように舞う、あたかも「自ずから」生じたかのように。（中略）そうした最高の位を「無心の位」と呼ぶ[27]」。これは、稽古によって技術を習得し、まだその技巧に頼り、意識的・意図的にその技巧を用いる段階ではなく、それを超えて技巧が真に身についた段階のことである。

無心にはダイナミズムがある。たとえば、熟練の演奏家であれば誰でも、自分が楽器を対象として動かしているという意識はなくなり、あたかも身体の一部のように楽器を自在に操れるようになる。そこで働いている意識は、自分と楽器を一体のものとして一階上の視点から、演奏を眺め、操る段階にある。しかし、その演奏の質をさらに向上させるには、楽器の演奏法をさらに工夫をして、その新しく獲得したやり方が自在にできるような段階にしなければならない。技術の発達の一段階として無心の状態がある。

こうした発達段階は、技術の身体化が必要な分野であれば、どんな分野であれ経験せざるを得ない、その意味で凡庸な事実である。健常な人ならば、誰もが無心で歩くことができるだろう。そして、スキューバダイビングやシュノーケリングのような、よほど特殊な状態でない限り、誰もが無心で呼吸をしているだろう。世阿弥の言う無心とは、このような「本能的」とされる行動や、習慣として獲得した行動を言っているのではないはずである（ただし、この習慣獲得と無心の状態との関係はいまだ十分に研究されているとは言えず、きわめて興味深い認知科学的なテーマである）。

無心とは、ある行為を、自分の意図を相手に悟られないで行う状態のことである。先にあげた剣道の例であれば、打突のときに、自分が打つ気配を見せてしまえば、それに先んじた「先の先」の技か、あるいは、応じ技を相手から放たれてしまう。宗矩の言う「無拍子」の打ちとは、相手に自分の拍子を見せずに打ち込む打突である。どのようにすれば、自分の内的なリズムや心理的な動きを見せない無拍子の打ちができるだろうか。それは、自分の技を放つトリガーを相手に引かせることである。相手に、自分の行為を意図させることである。あるいは、相手を通して自分の行為を意図することである。相手を攻め、十分に溜めを作るならば、相手は均衡状態を維持するのが苦しくなり、いわゆる、驚・懼・疑・惑といった隙を見せることになる。隙とは相手に対処できない瞬間である。この瞬間、正確には、その瞬間の一瞬前の瞬間（色に出る前の瞬間）が、トリガーとなり、自分の技が放たれる。そのようなことができるような状態に自分を維持する。相手をよく見て、絶えず相手にプレッシャーを与えながら、自分自身は十分に身体の力を抜き、しなやかな状態に留めておく。先々の先を取る状態でいながら、相手を大きく迎えるのである。

相手の隙を認めるや否や、「間髪（かん、はつ）を容れず」に打突するのであれば、それは、あたかも相手の意思によって自分の身体が動くかのようである。この意味で、相手の隙と私の打突はカップリングされている。間髪を容れずということは、ある出来事の後に次の出来事が、間に髪の毛一本も入る隙間なく即座に生じることである。相手の動作を見て、そこから判断して、対応していたのでは、到底その速さの反応にはならない。

そのような素早い反応をするには稽古が必要であるが、だからと言って、反射的に相手の動きに応じるだけでは打突することはできない。むしろ、自分の反応の機械性を相手に利用されてしまうだろう。したがって、相手が打突できない隙を作ってしまう状態に攻めと溜めで追い込む必要がある。相手が隙を作ると同時に打突が発せられる。打つという意思や打ち始めるという自覚が生じる前に、自分の技は発動している。むしろ、相手が隙を作るその直前（色に出る前）に、打突が発動し、隙ができたときにはすでに自分の剣は振り下ろされているだろう。それゆえに、相手は私の打突に応じることはできない。あたかも相手と私が合奏し、相手の隙に「参与的なずれ」をもって応じるかのように、である。それは二人の二つの行為ではない。二人によるずれたひとつの共同行為なのである。こうした打突を受けたときに、打たれた相手は、その打たれた原因が自分自身にあることを理解する。相手は、自分の反応速度を超える素早い打突が偶然に自分に命中したのではなく、自分自身を機会因として必然的に打たれたことを実感する。このように打たれたならば、剣道家には相手への敬意が自ずと生じる。そのような瞬間である、相手から何かを教えられたと感じるのは。

意思は鹿威しのような形で、発揮される。何かを行うとする意図は、何の文脈もなく、突然に生じるわけではない。素早い打突を繰り出せるようになるのは練習によって作り上げられた習慣的反応である。しかし、それは生得的反射行動のように、文脈なしに発揮されるものではない。相手を攻めによって動揺させ、打突しようとしたり、逃れようとしたり、居着いてしまったりさせるという流れの中で打突が発揮されなければならない。その意味で、私は自分の意図的な行為が生じるような文脈づくりを相手と協働作業、あるいは「合奏」をしているのである。そして相手の隙が、行為を発動する最後の機会となるのである。

繰り返しになるが、これが活人剣である。それは相手を動かす剣であり、相手を生かす剣でもある。完全に相手を攻め切った時点で、打突することもしないことも可能だからである。そして自分は、勝負の修羅場から自由になっているのである。

以上のことは、先ほど、西平が世阿弥における無心を解説したように、まさに「その時その場の舞台において、なすべきことが向こうからやってくる」ことに他ならない。武道において、その時とその場を作り出したのは、自分の攻めである。無心とは、相手に対して自分が作り出した場において、受身であるような状態である。

世阿弥が、離見の見という言葉で表現したかったのは、これと同じことであると思われる。それは、観客の視線によって舞台で受身の運動を行う状態である。受動的に体験される運動感覚によって舞が舞われるときには、意識的に自己身体を制御しようとするときに生じる強ばりや緊張、不自然さを克服できるという。しかしこの状態を作り出したのも演者である。能演者が観客の視線を引きつけるのは、「せぬ隙」によってである。振る舞いの意図が明確であるとき、観客は演者を対象として見る。しかし、そこに演者が積極的に何もしない「せぬ隙」が生じ、音曲だけが鳴り響いているときには、観客は演者へと自己を投げ入れる。そうして、観客の視線を集中させた核において、演者は受身に舞を舞うのである。ここにおいて、演者は自由になる。

こう考えるならば、無心とは、文字通りに、相手に無心すること、すなわち、ねだること、物乞いすることだと言えるかもしれない。この一見すると不甲斐ない振る舞いの中に、無心の真実がある。相手にねだり、私は受け取る。受け取ったのは、自己の存立と自由である。無心することで、互いが交換してきた価値から自由になる。したがって、無心とは、ひとつの状態ではなく、「無心する」という動詞の名詞化だと言うべきであろう。相手にねだり、相手が自分に与えてくれることを通して、自分を存立させる。自分はじつにひ弱な身なので、相手を動かして、自分を生きさせる。それは、相手との関係が、その場が、自分を統制しながら、自分の存在を支えているような場合である。こうして、無心は、自分も相手も自由にする。

## 注

(1) 世阿弥（一九五八）『風姿花伝』野上豊一郎、西尾実校訂、岩波文庫、世阿弥（一九五九）『風姿花伝・花鏡』小西甚一編訳、たちばな出版
(2) 世阿弥（一九五九）、一四六頁
(3) 世阿弥（一九七〇）『世阿弥集（日本の思想第8巻）』小西甚一編、筑摩書房、三一〇頁
(4) 同上、一六七頁
(5) 同上、一七四頁
(6) 以下の議論は、以前の拙論を基礎に論述を加えたものである。河野哲也（一九九七）「まなざしと人称性――レヴィ＝ストロースの世阿弥解釈をめぐって」『人文科学』第一〇号、五六―七九頁
(7) 世阿弥（一九七〇）前掲、一九八―一九九頁
(8) 世阿弥（一九六九）『世阿弥（日本の名著第10巻）』山崎正和訳、中央公論社、一七三―一七四頁
(9) 小西甚一（一九四六）「能の特殊視点」『文学』第三四巻第五号、四六五―四七六頁
(10) ポール・クローデル（一九八八）「能」『朝日の中の黒い鳥』内藤高訳、講談社学術文庫、一一七―一三九頁
(11) また表章によれば、昔の謡本では地謡が謡うところを「同」（同音の略）と指定したり、「地」（地謡の略）と指定していたりするという。なぜ、同じ地謡が謡う場所にもかかわらず、「同」と「地」の注意の区別があるかというと、本来は主役のシテが謡うはずの場所が「同」であり、主役以外の人が謡うべきところを地謡が代わりに謡ったのが「地」であったと整理できるという。もともとは立役が謡うべき箇所が、だんだん謡の専門である地謡に譲られてきたのだという。表章（二〇一〇）『能楽研究講義録』笠間書院、一三八―一四〇頁

(12)折口信夫(一九七五)『折口信夫全集(第一巻 古代研究 國文學篇)』中公文庫
(13)同上、六六頁(原文は旧字体)
(14)野上豊一郎はワキとは「見物人の代表」であると主張したが、これに対して木下順二は、ワキは観客の一部ではなく、シテを呼び出す役であるにとどまらず、舞台の上に居続けることによってシテにとっての聞き手、シテが舞を見せる相手である二人称役になっていると指摘した批判はまったく正しい。野上豊一郎(一九三〇)『能――研究と発見』岩波書店、木下順二(一九八三)「能は一人本位の演技である」『思想』第一七号、三九―六三頁、野上豊一郎(一九八三)「文学のひろば」『文学』一九八三年七月号、七六頁
(15)折口、前掲、一三三―一三四頁(原文は旧字体)
(16)野口武彦(一九九四)『三人称の発見まで』筑摩書房、四六―四七頁参考
(17)ミハイル・バフチン(一九八〇)『言語と文化の記号論(バフチン著作集4)』北岡誠司訳、新時代社
(18)ミハイル・バフチン(一九七九)『小説の言葉(バフチン著作集5)』伊東一郎訳、新時代社、二五〇頁
(19)川田順造(一九八八)『聲』筑摩書房、二二〇頁
(20)観世寿夫(一九八〇)『観世寿夫著作集(一)世阿弥の世界』平凡社、八五頁
(21)西平直(二〇〇九)『世阿弥の稽古哲学』東京大学出版会、一四六―一五二頁
(22)西平直(二〇一九)『稽古の思想』春秋社、一二四頁
(23)観世寿夫(一九八一)『観世寿夫著作集(二)仮面の演技』平凡社、五五頁
(24)古東哲明(二〇〇五)『他界からのまなざし――臨生の思想』講談社選書メチエ、五〇頁
(25)夢野久作(二〇〇二)『能とは何か』筑摩書房、Kindle版、No. 803-813
(26)西平直(二〇一四)『無心のダイナミズム――「しなやかさ」の系譜』岩波書店、西平(二〇〇九)、第6章
(27)西平(二〇一四)、一二頁

# 第5章 流体としての身体

## 1　身体のリズム、宇宙のリズム

これまで本書で論じてきた問合いの現象を考えるならば、私たちは、近代の哲学や心理学、認知科学が共通に想定してきた心の概念、あるいは、自己の概念を根源的に変更する必要があると思われる。近代哲学の心の概念とは、デカルトのコギト、すなわち、身体から独立した意識としての心を引き継いでいる。デカルトにとっては、意識、すなわち心とは、感覚し、認識し、思考し、記憶する能動的な働き一般のことであり、身体は外界からの興奮を伝え、心の指令を実行する器でしかない。デカルトが提示した心の概念には、真の身体性が欠けているが、心理学も認知科学も同じ傾向を持っている。身体性認知科学も、身体性の心理学も、まだ心の科学の主流をなしているとは言いきれない。

現象学など現代哲学は、主体が身体であることを繰り返し主張してきた。にもかかわらず、身体と環境とは皮膚の表面できっぱりと分離され、能動的な身体が受動的な環境に働きかけるという近代的主体の図式は維持されたままであった。それは、身体と環境を共通に語る概念が存在しなかったためである。身体を、分子や原子、素粒子の集合として語れば、身体は無機質の物的世界に還元されてしまう。知覚や認識や意図など心の機能とされるものと世界とを共通に語れる形而上学的な存在が必要とされている。メルロ＝ポンティは、世界と身体を共通に生み出している元素的な存在を「肉（la chair）」と呼んだが、この概念に実質を与える必要がある。

そこで本書で注目したのは、リズムである。メルロ＝ポンティの言う「肉」とは「流体のリズム」である。これまで述べてきたように、身体的な生には、そのあらゆる局面にリズムを見ることができる。リズムは、身体を身体たらしめる一種の形相であり、本質である。しかし、リズムは、人間や動物の身体やその行動に見出せるだけではない。むしろ、動物の身体と行動のリズムは、宇宙のリズムの余波、あるいは、それを小さな空間に閉じ込めることで生じた三角波であると言えるだろう。人間は、自然から音楽を学ぶことができるが、それは同時に自然を音楽化して理解することなのかもしれない。

リズムは、時間的であり空間的である。リズムが時間的であるのは、改めて説明する必要はないだろう。空虚な時間というものはなく、ある音と音とのあいだに存在する持続的緊張こそが時間、時のあいだと呼ばれるものである。しかし、リズムは、時間的であると同時に、空間的でもある。ある線や図形の持つ形状さえも、どこかからの距離、あるいは相互の距離、すなわち、ひとつの間として捉えるなら、いかなる線も図形もリズムをなしていることが見えてくるだろう。海の波同士が干渉し合うときには、そこにあらゆる形態が生じてくる。リズムの干渉こそが、形態の発生する場である。リズムは創造的な力である。

また、色彩がその差異と対比（コントラスト）の中に本質があるとすれば、それはあわいを本質とする現象であると言えるだろう。奥行きは、はざまとして表現できるだろう。あわいも、はざまも、リズムの現象である。物体の質感や質量も、リズムの中に表現することが可能である。

リズムが世界のすみずみまで通底している原理であるとするならば、人間の心身もリズムとして理解することができるはずである。リズムは、ダイナミックである。それは波動として、一点からあらゆる箇所へと到達し、波形として己の姿を伝える。リズムを中心として宇宙を捉えたときには、あらゆるものは、リズムを変換しながら他へ伝えていく媒体だと言えよう。人間の心と呼ばれるものも、身体と環境の間に生じるリズムとして捉えられる。

哲学においても心理学や認知科学においても、どこかで、心を環境から孤立した精神実体と考えるデカルトの心の概念を受け継いでしまっている。むろん、現在の研究者の多くは、デカルトのように心を不死の魂だとは考えないだろう。しかし、思考などの作用を自前で生成する諸機能が脳の中に存在し、それが身体に命令を出して、世界と交流していくという、ある意味において一方的に能動的な心の概念を、かなりの数の研究者が無自覚のうちに受け入れてしまっているのではないだろうか。実際に、認知科学の伝統は根本的にはそのような考えに基づいて展開されている。

本書で、これまでの間合いの研究、そして、生態心理学の共鳴という概念を手がかりに提示したいのは、心を鼓動として捉える考え方である。鼓動というと心臓のそれを思い出すだろう。しかしここではそれよりも広く、環境からのさまざまな波動の焦点となり、宇宙のうねりを溜め込みながら、固有のリズムによってそれを再び周囲に向かって放出する運動全般を指すことにしたい。古代ギリシャでは、心をプネウマ、すなわち、気息、風、空気、息吹、生命の呼吸として捉えていた。東洋では、かつて心を、理だけではなく、気によって捉えていた。プネウマや気の概念は、呼吸に代表されるような環境と身体とのリズミカルな代謝をモデルとして人間存在のあり方を理解しようとした。代謝は、環境から取り入れた物質の合成と分解、その物質の変化に伴って生じるエネルギーの生産と消費、そうした過程における物質とエネルギーの交代を意味している。呼吸は、さまざまなリズムと持続を持ち、身体の内部の状態と外気とを、そのリズムと持続で一定の状態に保とうとしている。それは外界の存在の一部を自己に取り込み、己を形作り、活性化する。そのような交代・循環のリズムとして心を理解する考え方を、本書では復活させたいと考えている。

人間は常に環境との交代循環を行い、そこには一定のリズムが現れる。呼吸、心拍、食事、睡眠、排泄、生理、性欲など、人間の身体のあらゆる部分が、それぞれのリズムを刻み、そのリズムは世界の中のさまざまなリズムと呼応している。心拍と呼吸は、外に向かって引き出され、内に向かって押し出されるリズムを刻んでいる。植物の生命と太陽の動き、すなわち地球の自転と公転という運動との関係は言うまでもない。動物の呼吸と食事では、一定のエネルギーの消費と補給・回復の循環として、外界と身体とのあいだで交換が行われる。睡眠と覚醒のシステムはシーソーのように切り替わるが、睡眠は休息以外に、脳の情報整理の時間として不可欠だとされている。そして睡眠の時間が、昼夜の交代のリズムと関係していることは明らかである。脳の神経細胞は、興奮をイオンの流れとして伝えるが、この流れは、波動と堰き止めと爆発というような鹿威しのようなリズムを示す(1)。性のリズムは、生殖が寿命の最後の段階で行われる動物が多いことが示すように、生と死の交代につながっている。それは季節の交代とも関係している。また、ここにも鹿威しのようなリズムを見ることができるだろう。

## 2　リズムは意志の自由に反するか

リズムは、人間を含めた生命と宇宙とを貫く形而上学的な原理と捉えることができるかもしれない。しかし人間の生におけるリズムを重視する思想に対して、ミハイル・バフチンは否定的な考えを示している。再びバフチンの思想を取り上げてみよう。

バフチンの考えでは、現実は常に新しく変転しており、瞬間瞬間がどうなるか分からない不可測性を含んでいる。しかしリズムは、この危機を孕んだ未来を、過去に利する形で克服してしまう。リズムは、同じことの反復であり、未来をこの反復の中に閉じ込めて、過去と現在とを同じものにしてしまう。出来事を質的な意味で豊富にして、創造的、生産的にする行為は、原理的にリズムの外にあるものである。リズムは、過去との違いとしての未来を、過去との類似性の中に塗り込めてしまう。よって、バフチンはこう述べる。「意志の自由と能動性は、リズムとは相容れない。精神の自由と能動性というカテゴリーにおいて体験される生（体験、志向、行為、思想）は、リズム化されない[2]」。

バフチンによれば、リズムとは他者との関係の中で体験される。リズムが可能なのは、他者への関係の形式としてであって、自分自身への関係としてではない。自分自身に対する関係はリズミカルでありえない。自身をリズムの中に見出すことはできない。「私が私のものと認める生、そこで私が能動的に自己を見いだす、そうした生はリズムでは表現されず、リズムを恥じる。そこではいかなるリズムも絶えねばならぬ。そこは覚醒と静寂の領分である[3]」。私が他者の「合唱（コーラス）」の中で生きるとき、私はリズムに服従し、他者の心と身体を感じる。行為の目的が他者において実現されているとき、あるいは他者と共同作業を行うとき、私の行為もまたリズムを持つことになる。季節の慣習、共同の労働、儀礼的な振る舞い、日々のしきたり、一連の行事の流れ。これらはすべてリズミカルに遂行され、そのリズムに合わせて、社会は運行されている。しかしそれは私が自分のためにリズムを作り出すのではなく、他者のためにリズムに加わるのである。そしてそれはときに他者への従属と追従を意味する。

このバフチンのリズムに関する論述は、これまで私たちが、リズムと間合い、そして他者との関係について述べていたこととかなりの部分で一致している。リズムが他者との関係の媒体になるというバフチンの指摘は、木村敏が、自己と他者との関係について論じたことに通じる。バフチンの「リズムを合わせることが自己の能動性を弱めてしまう」という発言は、木村のもとを訪れた患者の「他者との間に適切な間がとれず、他者に自分が乗っ取られて自分が失われるように感じた」という体験を思わせる。またそれは、柳生宗矩が立ち会いにおいて相手のリズムにのまれないように注意を促していたことに通じている。バフチンがリズムを批判する論点は、クラーゲスが拍子を批判している論点に近い。クラーゲスも世阿弥も宗矩も、リズムを新しさの到来として捉えていた。クラーゲスたちがリズムを存在の更新として見たことと、バフチンが「生はリズムを恥じる」と述べたこととは、どう関係させればいいのだろうか。

バフチンの他者観には、あそび、余裕、バッファ、すなわち、間がないと言えるのかもしれない。リズムは、他者を絡め取るばかりではない。私たちはリズムを受け継ぎながら、転調し、複数化し、ずらしながら、相手に応じることができる。ジャズはそのような音楽である。バフチンの議論は、想定している音楽の範囲が狭いのかもしれない。

しかしもっと重要な点は、世阿弥やクラーゲスが「新しさ」を問題としているのに対して、バフチンが一人称的な視点から自由と能動性に焦点を置いていることである。バフチンはこう書いている。「リズムの中では私は、麻酔をかけられたように、自分を意識しない。（リズムとフォルムの羞恥は、伴狂の根源であり、傲慢な孤独、他者への反抗であり、境界を踏み越えていながら自らの円環を閉ざそうとする自意識である)(4)」。確かに、リズムとは反復である。しかし、世阿弥やクラーゲスがリズムの新しさを述べるときには、その変容を外在的な視点から眺めている。新しさとは、以前よりも新しいのであり、そこには前後を外から比較する視点が含まれている。他方、バフチンは、その同じリズムの現象をあくまで内在的な視点から捉えている。バフチンもいま見た引用に見られるように、他者の存在と視点を意識した上で、それへの反抗として、リズムに逆らう能動性や自由を対置している。

反復は、何かが一旦、切れて、何かが新しく始まることである。バシュラールが指摘したように、リズムは同一性を保っている持続を切断することである。したがって、人工的で機械的な反復である拍子とは異なって、生きた存在のリズムは、過去を繰り返しているのではなく、新しい始点を定立しているのである。生命は、その始点から前回とは別の生のあり方を示そうとしている。それは、繰り返される差異である。リズムにおいては、世界は直線状に過去を繰り返すのではなく、世界はその始点から多元化する。

反復は変異のために存在する。ある存在があらゆる変身可能性を提示する過程、それがリズムである。リズムが尽きて、あらゆる差異が表現されたとき、その存在、その生命は死を迎える。変化が生じ尽くしたときには、死が必然的に訪れる。それは、ある生物個体とその遺伝子を受け継ぐ他の個体との関係性が、変異を産むための反復であることに似ている。生命が自らを現すことを求めて、そのあらゆる側面を示すことこそが、リズムである。リズムとは、発展しない永遠の始まりとしての反復のことである。それは、過去・現在・未来と一列につながる時間軸の表現ではなく、差異を持った現在が並列的に多元化していく時間である。バフチンは、おそらく、直線的なメロディアスな時間概念でリズムを理解しようとしている。それは、時間を空間的に捉えることではないだろうか。山田陽一が指摘するように、「音の経験は、基本的に曖昧で多面的で不確かでしかない。(中略) 鳴り響く音はそもそも、瞬間瞬間に連続してたえず更新されるプロセスのなかにしか存在しえないのだ」[5]。リズムは、バフチンのそれとは、根源的に異なった時間概念を要請している。クラーゲスや世阿弥は、このことをどこかで理解していたように思われる。リズムとは、始原の自由を繰り返し生きることに他ならない。

## 3　環境に浸る

では、リズムの主体とは何であろうか。リズムを刻むもの、それは流体である。空気のリズムが捉えにくいとすれば、それは水で代表される。水は、多くの国や地域において万物の根源とみなされてきた。ギリシャの海神であるプローテウスは「最初の存在」のことであり、多くの国の始原児とされているものが水中や海辺で誕生している。ポリネシアの児童神マウイは波打ち際で生まれ、インドの児童神ナーラーヤナは「水を住みかとする者」という意味であり、ギリシャの児童神ディオニソスも「海ないし湖で生まれた男」という意味である。哲学者のターレスは、水を万物の根源として、大地は水の上に浮かんでいるといった。水は一切の形を崩し、一切の歴史を破棄し、一切を原初性に溶解してしまう。水は、あらゆるものを溶かして、宇宙創造の原初へと回帰せしめる。

哲学者の荻野恕三郎によれば、「水に沈むことにおいて一切は無となり、その水から浮上することが一切が有となる」という宇宙のリズムは、洪水を原像としている。(6) そして、リズムが停滞するときには宇宙は病んで衰えてしまうので、そのリズムを回復し、宇宙の創造性を盛り返さなければならない。そのために行われるあらゆることが「遊び」と呼ばれるのである。遊ぶこととは、宇宙のリズムを開始することであり、遊ぶ者とは宇宙創造をなすものである。宇宙の遊びにおいて一切は存在し、そのリズムを最も象徴的に示すものこそが、水である。それゆえ、水は一切の根源と言われるのである。

人間の身体も、流体、あるいは液体として捉えることができるだろう。そもそも生物の基本は、卵にあると言えるのかもしれない。卵は、丸く、環境に身を委ね、静かに、しかし何かが生じる可能性を孕んでいる。まさに、間が実体化したかのような存在である。その殻の中では、ドロリとした液体がゆっくりと回転している。その液体の中から、骨や筋肉や神経が生成してくる。身体のあらゆる部位は、もともと、体液だったのだ。実際、動物の体を構成する成分のおよそ、六、七割が水分である。したがって、野口体操を創始した野口三千三はこう言う。「生きている人間のからだ、それは皮膚という生きた袋の中に、液体的なものがいっぱい入っていて、その中に骨も内臓も浮かんでいるのだ」。(7)

この考え方に立てば、身体の主役は、到底、脳などではありえない。主役は体液である。脳・神経・骨・筋肉・心臓・肺・胃腸など身体器官はすべて、「体液の創り出した道具・機械であり、工場であり、住居でもある」[8]。これらの体内道具・体内機械のすべては、体液が自らの力によって、体液自らを材料にして、体液自らの中に創り出したものである[9]。

卵の中の体液の中から生命が自ずと生じてくるとするならば、本来は、世界そのものが卵であり、私たちはその中から生まれてきたと考えるべきではないだろうか。世界内存在と現象学者は言う。しかしその世界とはどのようなものだろうか。空間に固いものが置いてあるような世界に住んでいても、「世界内存在」などとは言えまい。世界の中にあることとは、世界に浸っていることである。世界は卵であり、その中を満たしているのは体液である。それは海である。

かつて筆者が論じたように、私たちが住んでいる太陽系第三惑星は海洋惑星（プラネット・オーシャン）である[10]。地下ではドロドロとしたマグマが流動し、その下には固形のマントルが対流し、地表面では水と空気が入り交じり流動している。海と陸地との違いは、流体と固体の違いではなく、流体における密度や集積、粘度の違いとして考えるべきである。と言うのも、流体の流動性とは、熱力学的・物性的なものではなく、運動学的なものだからである。固体と流体の運動学的な区別は、そのまま物質の形態としての固体、液体、気体と一致しない。流動的とは、熱力学的に平衡状態のままに、力を要さずに変形するということである。それは、同じようなパターンが伝搬すること、すなわち、波動としての性質を持つことができる。ここにリズムが生まれる。

生命は、根源的に流動的な環境を必要としている。私たちは、空気や水の中といった流動的な環境にこそ住めるのであり、固体の中には住めない。空気や水が動くことなく、その流動性によって私たちのいる場所にやってきてくれなければ、私たちは窒息し、干上がる。水は触った手を取り囲み、人間を取り囲む。流体は、文字通り、私たちを取り囲む環境である。流体は、自分と分離して目の前に置かれている対象ではない。水と空気は私たちの身体に浸透してくる。私たちは呼吸をして、水を飲む。水と空気を体内に取り込むことが、生命にとって第一の任務である。

生命のあらゆる活動が流体を必要としている。たとえば、性行為は、精液、分泌液、唾液、汗など体液を個体間で交換する行為である。交換とは公開的なものである。生殖が身体の交換であるならば、それは本来的に公開的なものであり、私的で隠匿されたものではありえない。花を考えてみるといいだろう。生殖が最もありふれた、最も公的な形で行われている。生殖においては、個体は流体の交換者となり、アイデンティティの中に閉じこもることができない。生殖とは個体同士の間であり、個体の弛緩から何者かが生じてくることである。宇宙的な体液の中で、私たちは個体の体液を交換して、分裂していく。そこでは、個体の全体と種の全体が、減数分裂による染色体半減のプロセスを通して分裂と再構築を繰り返している。

このことは、海の中の原初的な性を考えてみるならば、よく理解できる。たとえば、海綿であれば、小さな嚢状になったものから精子が外部へと排出され、偶然に他の海綿の穴から吸収され、体壁に沿って並んでいる卵細胞に結合する。だから、すべての陸上生物——ミミズ、ハエ、ヘビ、鳥、哺乳類など何でも——は、その配偶子を、水分を含んだ海のような環境で結合させるのである。配偶子は、海水と同じ機能を持った液体の中で、ともに泳ぐことが要求されているのである。[11]

　生物の知覚や認識もやはり流体を必要としている。空気や水が媒質となっているからこそ、光が伝わり、熱が伝わり、その振動が伝わり、私たちは知覚できる。光がメディアであることを私たちは実感しにくい。視覚では、対象は自己からは途切れた、遠い存在のように思われる。しかし海の世界においては、あらゆるものが直接に接触している。海洋惑星では、目とは耳であり、皮膚である。それは振動に共振することであり、それは自己の震えを感じると同時に世界の波動を感じることである。あらゆる認識は、世界の変動が情報という名の波動となって生物に到達することから可能になる。息をして、運動し、栄養摂取し、知覚し、認識し、思考する。これらあらゆる行動は環境に浸ることによって成立し、そのあいだには根本的な違いがない。生物が最初に海中で発生したとするなら、五感のすべてが、満たされた水の中での振動と化学的物質への反応であることには何の不思議もない。

　したがって、私たちは、生物のモデルをまず海洋生物に求めるべきである。体液である海とそれに浸っている存在との関係は、身体のほとんどが水分でできたクラゲが、海に浸されて、水流の中で浮遊しながら生存しているのと同じである。私たち人間も、宇宙という卵の体液の中でクラゲのように生きているのである。

## 4 植物の魂

私たちが環境に浸る生き方をしているのならば、クラゲや魚とともに、植物の生について思いを馳せねばならないだろう。植物も、私たち人間よりも根源的な生のあり方を表現している。哲学においては常識に属するが、アリストテレスにとっては植物も「プシュケー（Ψυχή, Psyche）」を持つものである。プシュケーは、すでによく知られているように、もともとは「息」「呼吸」を意味する。それが転じて、生きること、生命を意味するようになった。プネウマという古代ギリシャ語は、「吹く」という動詞を語源としていて「風」「空気」「気息」を意味する。それがラテン語で「スピリトゥス」となり、英語の「スピリット」となった。プシュケーは、西欧では「アニマ」、日本語では「霊魂」「心」と訳されてきたが、それらの言葉で置き換えるには無理がある。「生命」と訳す方が適切な場合もある。

プシュケーは、アリストテレスの定義によれば、可能態において生命を持つ自然的物体の形相である。プシュケーは身体と不可分の自己目的的（自己維持的）な機能であり、したがって、生命の本質であり、生命を動かしている起動因である。

アリストテレスのプシュケーの概念には、近代以降の心の概念に見られる「内的意識」とか「私秘性（他の誰もが知ることのできないという意味）」といった含意はない。プシュケーは観察可能な力を指している。プシュケーには段階があり、植物は栄養摂取ができ、動物は運動でき、感性を持つ。人間のみが理性（ヌース）を持つとされる。プシュケーを霊魂や心と捉えても、生命とか生命原理と捉えてもいいが、重要なことは、アリストテレスが生命と心を分離しなかったことである。このアリストテレスのプシュケー概念に比較すると、私たち現代人の心の概念は、デカルトに暗黙に影響され続け、狭隘で、特殊な意味合いを帯びてしまっている。

植物の身体の特徴は、移動せず、何かに固着して生存する着生性と、身体がモジュールで構成されていることにある。モジュールとは、個々の分岐した機能を担う器官がなく、交換可能な部分でできているということである。他方、動物は、ユニークな諸器官を備えて、身体全体が分割不可能なシステムをなしている。動物は運動して生きる。植物は広がって生きるのである。植物は、体積に対して面積の比が非常に高く、動きまわる代わりに広がることで成長する。

動物は他の生き物から栄養を摂取する。エマヌエーレ・コッチャが指摘するように、植物の生の特徴とは、生命のない世界と直接にやり取りするだけで生きていくことである。「高等動物は一度も、生命のない世界と直接の関係を結んだことがない[12]」。植物は、世界に身を浸しながら、地球環境を大きく変えてきた。その植物の存在の上に、動物は成立した。植物の生み出す大気の成分が、動物の呼吸を支えている。動物の存在は、植物の営みを前提条件としている。コッチャは素晴らしい指摘をする。「呼吸はすでに共食いの原初形態である。植物が排出するガスを取り込んでいる。生命は、他の生命によってしか生きられず、他の生命を維持するものを産み出している[13]」。こうして大気とは、地球と植物と動物とが自らの身を交換する共食いの場所である。あらゆる生命が他の生命と入り組んでいる（メルロ＝ポンティの言う）「肉」の場所である。

この空気という肉、そして水という肉を共有することが、世界内存在の根源的な意味である。それは、同じ性質を共有するのではなく、同じ大気と海を共有することである。自己が自己であるとは、アイデンティティが明確になり、その他の要素を排除することではまったくない。その逆に、呼吸すること、体液を交換すること、すなわち、あらゆる存在物がそれ以外の事物と混合する空気と水に身を浸すことである。空気と水は、生命を構成する根源的な「元素」であり、地球と生命がともに搾り出した分泌物である。それを交換するという根源的共食いであり、性行為でもあるようなことを行うことこそが、世界内に存在するということである。

コッチャは生殖に関して、またも素晴らしい指摘をする。「生殖を行うには世界を経由しなければならない。性は最もありふれていながら、最もコズミックである。形や状態、実体の多様性において世界と、結びつくことを意味する。アイデンティティに閉じこもることはできない。性とはアイデンティティの間であり、その弛緩である」[14]。顕花植物はこのことを表現している。花とは、環境を媒体として他の生命と自己とを交換し、他の生命を分裂させる機能である。環境を媒体として、自己を与え、他者を分ける。これが花の機能だとすれば、それは認識と同じ働きである。情報は自らを与えることで、動物の行動を分岐させる。したがって、花は、認識の器官なのではないだろうか。認識とは、弁別することだからである。花は性的な器官であるとともに、理性の器官ではないだろうか。とするならば、逆に言えば、動物の脳も生殖器官であり、生殖器官とは理性の器官なのである。認識とは生殖である。知とは性だと言い換えることができるかもしれない。

花は、私たちが根源的に公開的な存在であることの象徴である。この観点から見れば、デカルト以降の哲学が主張した「魂は私秘的な意識である」との考えは、驚くべき、しかも危険な倒錯である。

ところで、近年の植物学ではこれまで想定されていなかった能力、感覚、記憶、コミュニケーション、知能などが植物の生活の中に見出されている。[15] そのほんの一部を紹介してみるならば、ステファノ・マンクーゾは実証的根拠から次のように論じている。

たとえば、植物の感覚能力はそれまで考えられていたよりもはるかに複雑であり、繊細である。植物が表皮細胞を使って、明暗に反応して、葉を伸ばしたり、根を伸ばしたりすることは知られているが、揮発性の物質に対しても反応する。トマトは、草食性の昆虫に攻撃されたときには、ある種の揮発物質を発散させ、数百メール先にまで届かせ、それをキャッチした別のトマトは、毒性の強い成分を葉に巡らせるという。[16] これは、嗅覚によるコミュニケーションである。接触に反応する植物は数多いが、ある植物では、根の部分が振動をキャッチして、根を伸ばす方向を変化させる。これは聴覚と呼びたくなるような能力である。[17] 植物には、嗅覚や触覚、聴覚さえもあると言えるのだ。

さらに、植物のコミュニケーション能力に関する報告は驚くべきである。植物の内部に関しては、その身体の一部から他の部分へは、水分と化学物質での連絡のみならず、原形質連絡という方法を用いて情報を伝え合う。先ほどのトマトの事例は外部にいる同種との連絡であるが、アオイマメの一種は、植物寄生性のダニに襲われると肉食性のダニを呼び寄せる揮発性の物質を出し、その肉食性のダニに植物寄生性のダニを襲わせる。個体の内部の連絡、同種の植物同士のみならず、異種間でも植物はコミュニケーションする。さらに記憶についても、神経系がないからといって、植物に記憶がないと思い込んではいけない。ハエトリグサの棘は、一回触れても反応しないが、ある一定の時間内に二回触れられると閉じる仕組みになっている。時間差の刺激を登録する仕組みが葉の中に蓄えられている。これは、記憶装置の一種であると言えるのではないだろうか。[18] 以上はほんの一例であり、植物学の分野では、植物の動物以上のさまざまな能力が明らかにされ、動物の五感や学習・記憶、コミュニケーションが、植物の能力の別の形での延長にすぎないことを知らしめてくれる。

これらの実証的な研究結果は、生命現象と心理現象とが連続していることを示している。そして、「心理」と呼べる現象が成立するには、おそらく神経系など不要なのだ。神経系を模倣して人工知能を作ろうとしている向きには、お疲れ様であると言いたい。植物学のデータに触発されて、近年、認知哲学の一部では、植物の心が真剣に論じられ始めている。[19]

おそらく心理学者の多くは、植物が示す振る舞いは、擬似的な心理機能にすぎないと言うだろう。あるいは意識の有無と心の有無を同一視して、植物には意識や感覚がないと言うかもしれない。表象を画像のようなものと同一視して、植物は表象を持たないと言うかもしれない。しかし少なくとも、植物は、アリストテレスが想定したよりもはるかに、広範囲で多様な外界とのやり取りの能力を持っていることは明らかである。また根本的には、植物に心を認める研究は、植物の中に動物と同じ機能を見出そうとする傾向がある。だが、それだけではなく動物を植物に見立てる視点の転換も必要なのではないだろうか。

植物は足で歩かないが、増殖して拡大する。その動きは緩やかであるが確かに運動する。それらはすべて環境への応答である。植物の生は、無機物との交換という、人間のような動物が忘れがちな生の根本様相を思い出させてくれる。また、植物の体とそれが吸入し排出する活動が、あらゆる動物の生存の前提条件であること、植物との根源的な共食い状態こそが私たちの生命の基本であることを理解させてくれる。

## 5　草木成仏

能においては、松や梅、桜、藤、柳といった植物の精を主人公とした演目が数多くある。植物であるシテが、老人や娘、子どもの姿をしてワキの前に姿を現すのである。

たとえば、世阿弥作で、初番目物（脇能）に分類される『老松』では、都に住む梅津某（ワキ）が太宰府安楽寺に参詣すると、老人（シテ）と若い男（ツレ）が現れ、境内の飛び梅と老木の松の謂われを語り、姿を消す。二人は、じつはこの梅・松の化身である。夜、某の夢枕に松の精（後シテ）と梅の精が現れ、舞を舞い、御代を祝う。あるいは、金春禅竹作の三番目物（晴天仙物）に分類される『芭蕉』[20]では、中国の楚の山中で修行する僧（ワキ）の庵に、一人の女（前シテ）が現れる。女は結縁のために来たと明かし、草木までもが成仏するという法華経の教えに帰依する。「美しく咲く草花こそ仏法の姿」と説く僧に、女はその教えに出逢えた身を喜ぶと、自分は人ならざる者だと仄めかして姿を消す。やがて夜も更け、先刻の女（後シテ）が再び現れる。彼女は自らを芭蕉葉の精だと明かすと、仏法の慈雨に浴する身を喜び、土も草木もありのままこそが真実の姿だと述べ、月光の下で静かに舞うと消えていく。後には破れた芭蕉だけが残っている、という話である。

この他にも、『西行桜』『遊行柳』『杜若』といった三番目物[21]を代表として、能では、松や梅、桜、藤、柳といった植物の精を主人公とした演目が数多くある。そこでは、植物、動物、人間という生命階層や有情・無常の区別をつらぬいて流動する何か、いわば「肉」や宇宙の「体液」にこそ、存在の根源が求められている。これらの演目では、植物の精が神や仏の化身である話もあるが、とくに興味深いのは、いまあげた『芭蕉』のように植物の精が法華経の功徳で成仏するという「草木成仏」の話である。末木文美士によれば、草木成仏は、もともと仏典にも日本の古典にもなく、平安時代の天台宗の僧侶である安然が中国天台の著作を独創的に解釈することで生まれた説である。[22]安然は、草木が自ら発心・成仏するという説の証明を試みたのだが、そのポイントは、有情のものと無常のものとの区別を撤去し、世界のすべてを、その根本原理たる真如のもとで有情化することにあったという。そして、安然以降は、主として本覚思想の流れの中で継承発展されたという。

この思想が能の世界にどのような流れで受け継がれたかは、本書で論じるべきことではないが、中沢新一によれば、能に表現される思考法においては、鉱物・植物・動物・人間という層をつらぬいて流動しつつ変容をとげていく「ひとつの遍在する力の流れ」にこそ実在が求められている。「この力の流れは、大地の下を流れる水脈に触れる植物の根の先端で目覚め、植物の組織の中を移動していく樹液のざわめきに、姿を変えていく」[23]。この植物的なざわめきが、ときに精霊となり、ときに子どもや老人の姿でワキの前に現れるのである。

## 6　海、宇宙の体液

宇宙は体液に満ちた卵であり、そこで生じる渦巻が、あらゆるものを生み出し、その一部として身体がある。このように想定することで、異なった自己観や異なった心理観が生まれてくる。宇宙と自己は同じ肉でできており、渦巻や旋風が、水や空気がつかの間螺旋の形に束ねられたものであるように、私たち生命も宇宙の体液の流動によって、その流れの線が一時的に巻きつき、つながり、また解かれ、分離していく過程である。私たちは、存在ではなく、運動であり、過程である。存在しているのは、海であり、宇宙の体液である。私たちの身体とその外部を仕切る壁などありえない。私たちの身体は、宇宙の体液の一部の流れだけが引き込まれる渦である。個体と環境とを隔てているものは、こうした一種の根源的・存在論的な選択である。逆に、すべてが引き込まれた状態が死である。というよりも、死とは宇宙になることである。したがって、自己についての研究は、気象学とか潮流の海洋（物理）学に相当する分野である。

知覚の本質とは、宇宙の海に共振することであり、知覚を含めていかなる認識も、対象からの振動を受けて、自己を分かつことである。真理を得ようとする認識の過程とは、性行為であり、生殖の過程である。知ることとは、対象を獲得することではない。それは海の波に対象と自己が共振することであり、対象と自己が共鳴することである。

生態心理学者の野中哲士によれば、水中で生きる動物、魚類、甲殻類、哺乳類には、「水力覚（hydrodynamic perception）」という知覚がある。それは、身体を包囲する水の立体的な動きのパターンの変化から、周りにある事物や出来事を知覚する触覚のことである。[24] 水棲生物には、水が媒質となって、周囲の環境についての情報が触覚にもたらされる。私たち陸棲動物にとっては、空気とそこに満ちた光が媒質となって、環境の情報がもたらされる。しかし野中が指摘するように、私たちは空気の存在も光の存在も忘れ、自分と対象のあいだには空虚しかないと思い込んでいる。環境とは生物を取り囲んでいる間であり、そこは、空気と光という水が充満した海なのである。

## 注

（1）池谷裕二（二〇一三）『単純な脳、複雑な「私」――または、自分を使い回しながら進化した脳をめぐる4つの講義』講談社ブルーバックス

（2）ミハイル・バフチン（一九八四）『作者と主人公（ミハイル・バフチン著作集2）』斎藤俊雄・佐々木寛訳、新時代社、一七八頁

(3) 同上、一七九頁
(4) 同上、一七九頁
(5) 山田陽一（二〇一七）『響きあう身体――音楽・グルーヴ・憑依』春秋社、一三頁
(6) 荻野恕三郎（一九八二）『古代日本の遊びの研究』南窓社、第一章を参照。
(7) 野口三千三（二〇〇三）『原初的生命体としての人間――野口体操の理論』岩波書店、一二頁
(8) 同上、三六頁
(9) 同上、三八頁
(10) 河野哲也（二〇一四）『境界の現象学――始原の海から流体の存在論へ』筑摩選書、第5章
(11) ラザフォード・プラット（一九七五）『水＝生命をはぐくむもの』梅田敏郎・石弘之・西岡正訳、紀伊國屋書店、一七八頁
(12) エマヌエーレ・コッチャ（二〇一九）『植物の生の哲学――混合の形而上学』嶋崎正樹訳、山内志朗解説、勁草書房、一〇頁
(13) 同上、六七頁
(14) 同上、一四〇頁
(15) 以下の著作を参照のこと。Chamovitz, D. (2012). *What A Plant Knows: A Field Guide to the Senses.* Scientific American; Gagliano, M., Ryan, J. C., & Vieira, P. (Eds.), (2017). *The Language of Plants: Science, Philosophy, Literature.* University of Minnesota Press; Grusin, R. (Ed.), (2015). *The Nonhuman Turn.* University of Minnesota Press; Hall, M. (2011). *Plants as Persons: A Philosophical Botany.* Suny Press; Korban, R. (2015). *Plant Sensing and Communication.* University of Chicago Press、ステファノ・マンクーゾ（二〇一八）『植物は〈未来〉を知っている――9つの能力から芽生えるテクノロジー革命』久保耕司訳、NHK出版、ステファノ・マンクーゾ、アレッサ

ンドラ・ヴィオラ（二〇一五）『植物は〈知性〉をもっている――20の感覚で思考する生命システム』久保耕司訳、NHK出版 ; Schaffer, H. M. & Ruxton, G. D. (2011). *Plant-Animal Communication.* Oxford University Press; Trewavas, A. (2014). *Plant Behaviour and Intelligence.* Oxford University Press.

（16）マンクーゾ、ヴィオラ、前掲、七八―八三頁

（17）同上、七一―七八頁

（18）Chamovitz, op. cit., p. 117

（19）以下の雑誌では、Plant Sentience が特集された。*Journal of Consciousness Studies,* 28(1–2)（2021）.

（20）「銕仙会～能と狂言」ウェブページ参照 : http://www.tessen.org/dictionary/explain/bashou

（21）鬘物とも言う。正式な演能は五番立てだが、その三番目に上演される演目。女性や精霊をシテとし、優美な舞を見せる。

（22）末木文美士（二〇一七）『草木成仏の思想――安然と日本人の自然観』サンガ文庫

（23）中沢新一（二〇一八）『精霊の王』講談社学術文庫、一一五―一一六頁

（24）野中哲士（二〇一六）『具体の知能』金子書房、八四―八九頁

# 第6章 間合いとアフォーダンス

身体と環境についての気象学的・海洋物理学的アプローチを取るとするならば、私たちはどのように環境を描き出せばいいだろうか。本章では、本書全体の結論として、まず日本庭園を、間と間合いを持った環境のモデルにしてみたい。そこでの散策は、全体が見渡せない過程において、「移り際（境）」や「切れる（納る）」といった契機によって、風景の連続と切断を間合い的に経験することである。最後に、流体としての環境と流体として生きていく私たちのあり方を、生態心理学の「共鳴」「促進行為場」「充たされざる意味」といった概念を使って記述を試みたい。

## 1　庭園を歩く

日本の芸術には、間や間合いが重要な美的構成要素であるものが多い。間は、すでに述べたように、時間的であると同時に空間的であるような間隙であり、何かが出現する充実や緊張を孕んだ無である。それは、形而上学的であるとともに、美的なモーメントであり、生命的なモーメントでもある。間の表現は、能のような舞台や剣道のような武道はもちろん、歌、音楽、話芸、絵画、建築などあらゆる日本の芸術に見られる。さらにここで取り上げたいのは、日本庭園である。建築家の磯崎新は、日本庭園は、その構成要素の多元性、その独特の宇宙観と直接に結びついている点で、間を具体的に提示する好例となるという。(1) 庭園は、楽園の視覚的ミニチュアであり、より象徴的に宇宙観を提示している。

日本の庭園は歴史的に次の四つに分類できるとされる。(2) 飛鳥時代は、朝鮮半島から庭園が導入された時期である。奈良平安時代では、池泉舟遊式、ないし池泉回遊式庭園と呼ばれる舟を浮かべて、音楽を演奏し、歌を詠むのを楽しむ大きな池のある庭が発展した。代表は、藤原頼通が作った宇治平等院鳳凰堂や円仁の作った平泉毛越寺の庭である。鎌倉室町時代になると、仏教寺院や武士の邸宅に作られた座観式あるいは定視式庭園が盛んになる。これは、室内などの固定された展望から座って眺められる、建物のすぐ外に作られた比較的小さな庭である。代表として龍安寺石庭や大徳寺大仙院、龍巌院などがあげられる。江戸時代に特有なのは、回遊式ないし池泉回遊式庭園である。別名、大名庭園とも呼ばれるが、池を中心として順路をたどって散歩遊歩ができる大きな庭園であり、各所に展望のための休憩所として茶屋や御堂がしつらえてある。大名などの権力のある武士たちが、外交や交流の場としてこのタイプの庭園を使った。代表的なものには、東京の小石川後楽園や浜離宮恩賜庭園、六義園、肥後細川庭園、清澄庭園、水戸の偕楽園、岡山の後楽園、金沢の兼六園など有名な庭園が数多く含まれる。

このような歴史的変遷や、時代によるスケールや構造、あるいは用法の違いにもかかわらず、日本庭園には共通の特徴がある。それはとりわけ、諸外国の庭園と比較したときに明らかになる。

第一に、日本庭園は何よりも海洋を表象したものである。(3)いかなる国や文化の庭園も理想化された自然を表象している。古代ギリシャや古代ローマでは、永遠に豊潤な農園・果樹園を模して庭園が造られ、フランスの整形庭園（あるいは、平面幾何学式庭園）では幾何学的とされた宇宙の秩序が表現され、一八世紀のイギリスでは、秩序だっていない狩猟のできる田園風景が庭園で表現された。いわゆる風景式庭園、あるいは自然風景式庭園と呼ばれるものである。

それに対して、日本庭園が表象する自然とは、海である。庭に置かれた大きな岩石は、須弥山、すなわち、古代インドで世界の中心にある山に見立てられているが、この山は海の中にある島だとされる。すなわち、日本庭園にある山は、山岳であるよりは、海に浮かぶ島であり、小石や白い砂は海の波を表現している。平安時代に橘俊綱によって書かれた日本最古の庭園書である『作庭記』は、庭は自然を模倣するべきであり、とりわけ、庭の池は人々に海を思い出させ、岩石は海洋の中の島を模倣する必要があると記している。人々が帰るべき自然とは、日本庭園においては海なのである。

第二に、とくにアラビアの庭園やフランスで完成した整形庭園と比較したときに理解されることだが、日本庭園は、時間的であり、過程的であり、トポロジカルである。

フランスの整形庭園の代表であるヴェルサイユ宮殿の広大な庭園と比較してみるとよい。この庭園は、無時間的・静態的・遠近法的である。アンドレ・ル・ノートルが設計し、ルイ一四世が建てた庭園の特徴は、幾何学性と一望性にある。宮殿内の「鏡の間」から見ると、ラトナの噴水、アポロンの噴水が一直線に配置され、その線が地平線で美しく消尽している。その配置は無限の権力のアレゴリーになっている。宮殿の王の視線は宇宙全体を見渡し、照らし出すのである。

だが、樹木や噴水、彫刻などが幾何学的に配置されているのは人工性を強調するためではなく、その逆に、自然は神によって幾何学的に設計されているというこの時代の自然観・宇宙観の反映である。ガリレオ・ガリレイは、自然という書物は神の言葉によって書かれており、その言葉とは数学（幾何学）であると主張した。[4] この考えは、近代科学の基本設定としての自然研究の数学化を宗教的な観点から正当化したものとして解釈することができるが、ル・ノートルの自然観もガリレイのそれと共鳴していたのである（ただし、ル・ノートルの作った庭園は単純に幾何学的と総括できるものではなく、多様な要素が入っている。後にイギリスなどで発展する自然風景式庭園の先駆的な部分が、ヴェルサイユにも認められる）。

**図1**　龍安寺石庭（京都市）（筆者撮影）

これに対して日本庭園は、全体を俯瞰できる特権的な一点は存在しない。龍安寺石庭は、寺社の敷地内に作られたそれほど大きくない庭であり、そこには一五の石が置かれている。しかし、その石のすべてを見渡すことはできない。室内のどの地点から見ても、どれかの石が他の石の背後になり、すべての石が見られないように意図的に配置されているからである。ヴェルサイユの奥行きは透視図法的であるが、日本庭園のそれは非透視図法的である。この庭を訪れる人は、東側から西側へと歩きながら石を見ることになる。一五個の石は、五群に別れて、五、二、三、二、三と置かれ、石の大きさと高さは、東から高く力強い一群から低く平たい石へとリズミカルに変化する。見る者の動きに合わせて変貌する時間的・動的な石の配置に関してはさまざまな解釈がなされてきた。

回遊式庭園に関しても、庭の全体像を一望できる高い場所はない。江戸時代に作られた大名庭園は、馬場や博物学のために用いられることもあったし、接待や交渉など政治的な場としても利用されただろう。だが、それでも脱俗的な雰囲気がする場

**図 2**　肥後細川庭園（東京都文京区）（筆者撮影）

所になっているのは、庭園の中に隠された場所が多いからである。池や泉は生い茂る樹木で隠され、遊歩道は複雑にうねっている。回遊する先々には、茶屋などの建物や橋が設けられ、複雑に時間をかけて遊歩するしか、全体を眺めることができない。庭全体は時間的にしか現れない。日本庭園は、時間的であり、過程的である。ヴェルサイユが無時間的であるとすれば、日本庭園では未来の不可視性が示唆される。

自分が歩いている道は、どこかへと自分を導いてくれているはずだが、道は曲がりくねっており、視野は樹木によって遮られている。日本庭園においては、何かが顕在化しており、何かが潜在的である。樹木も手入れはされているものの、幾何学的に整形するように剪定されているわけではない。高低のかなりある森のような道を歩くと、突然に視野が開けて、池が現れる。自然の中の散策を、擬似的に体験できるように石や池や小川や、樹木が配置されている。日本庭園において重要なのは、全体を鳥瞰したときの構造ではなく、部分と部分の接合であり、部分同士の関係性である。

**図3**　兼六園（金沢市）（筆者撮影）

鬱蒼とした木々の中、足元に気をつけて下を向いて歩いていると、突然に開けた眺望のいい場所に出る。ここでは、潜在的なものの顕現、溜められていたものの発露が、身体全体の感覚に提示される。日本庭園を遊歩することは、まさしく、最初に述べた鹿威しのような間を経験することである。いや、鹿威しは日本庭園の中に作られている。鹿威しは、日本庭園の間、つまり連続と切断を庭園の内部で再度表現している。

世阿弥が舞について述べた「移り際（境）」や「切れる（納る）」といった契機が日本庭園のここそこに仕込んである。大橋良介によれば、日本文化は「切れ」と「続き」を本質特徴としており、これが龍安寺石庭のような日本庭園にも見出せる(5)。東側から西側へと動的に配置された石は、切れと続きという時間性を表象する。しかし石の配置だけが、切れと続きを表しているのではない。無機的な石で作られ、生命が枯れた庭は、自然からの切断を示す。しかし、技巧を尽くして、石や砂によって有機的な自然が表現されてもおり、この意味で庭は自然と再び続いている。それは生と死の移行を暗示している。日本庭園の散策は、自然と生命のリズミカルな経験となる。

フランス庭園が、各部分をひとつの設計図のもとに全体に体系的に配置しているとすれば、日本庭園はトポロジカルである。ある部分ともうひとつの部分の継起的な連結が問題となっているからである。(6) フランス庭園がひとつのパースペクティブの絶対的優位を表現しているとすれば、日本庭園はそのような地位が存在しないことを示唆している。もちろん、ここに道教の影響を見ることは容易だろう。須弥山や蓬莱といった日本庭園に表現されている神仙思想は、老子・荘子の哲学とは直接の思想的関係にはないかもしれないが、両者は歴史的には一般人のあいだで混交されて信じられていたとされる。日本庭園は、道、通路、線に現れる生命を生きることのアレゴリーになっている。道教にとって、そのような道とはまた自然のことである。日本庭園は、そうした自然観の表現であると見ることもできるだろう。

磯崎新が指摘しているように、日本庭園は、余白、距離、視点の移動、事態の推移を表現している点で、間の表現の典型である。(7) しかし、日本庭園に表現されているものが、ただの間というよりは、間合いと呼びたくなるのは、庭園が足で移動し、身体で経験するものだからである。それは、音楽における間のように、聞き手が演奏者の間の取り方を期待するだけではなく、身体で運動し働きかける契機がある場所だからである。庭園の眺望を見出すのは、自分の運動である。隠れていた樹木や置き石を見出すのは、自分の視線である。庭園の間は受動的に経験されるのではなく、間合いとして作り出される。

図４　小石川後楽園（東京都文京区）（筆者撮影）

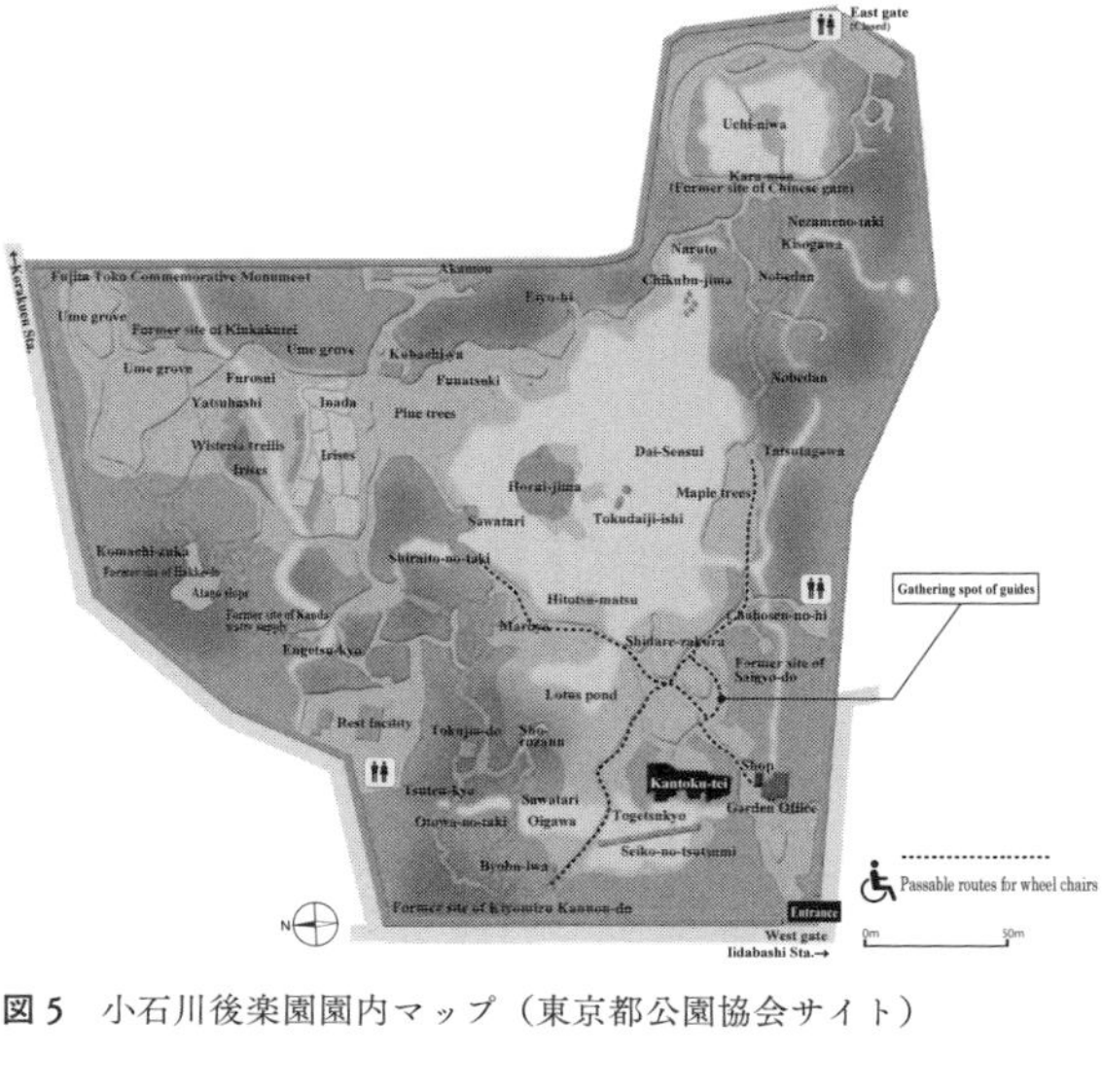


図５　小石川後楽園園内マップ（東京都公園協会サイト）

ところで、能舞台は、もともと庭園の中にしつらえられていた。いまのような形式の能舞台の最古のものは、西本願寺の書院前の庭に残っているという。磯崎によれば、能舞台は、庭園の中の斎庭《ゆにわ》のような儀式を行う場所に据えられた。手前にある舞台は此岸で、現世を表し、背後にある楽屋は彼岸で、あの世を象徴していた。能舞台への出口は、「鏡の間」と呼ばれるが、ここではあの世にいる霊魂を演者が自分の身体に引き受け、劇中でその霊魂そのものに化身するための場所だとされている。それは此岸と彼岸の通路である。(8) 間において戸の隙間から差し込んでくる背後の光とは、世を超越した世界からの光であり、その光をかいくぐることで人は化身する。それは、潜在的な宇宙の原理が顕現することである。

とするならば、能舞台が置かれている庭園が表現している間も、究極的には此岸と彼岸の交代の機制だと言えよう。未来として潜在的であった部分が、自分の歩みによって顕在化し、今度は顕在化した現在が、背後に、すなわち過去に退き、潜在的なものの中に溶けていく。ここでは、時間が過去・現在・未来という直線上に置かれた順序としてではなく、潜在的なものの顕在化、奥行きの展開、すなわち変身への間として捉えられている。

時間としての間を有した移動空間として経験される日本庭園は意味に満ちた環境のモデルを提示してくれる。

## 2　環境と自己についての気象学的・海洋物理学的アプローチ

最後に、生態心理学の「共鳴」「促進行為場」「充たされざる意味」といった概念を使って、これまで哲学的に論じてきた間と間合いを含んだ場所の経験を記述してみよう。

生態心理学は、アフォーダンスという概念を使って、環境が許している人間の行動とその変化を説明しようとする。人間は、アフォーダンスを発見し、それを知覚することで環境と自分との関係を知り、環境の利用の仕方を知る。同時に、環境にとって自分がいかなる存在であり、自分の行動がどのような変化を及ぼすかを知る。そして、あるアフォーダンスから他のアフォーダンスに知覚の焦点化を変えることで、自分の行動を変化させる。行動が変化するときには、常に異なったアフォーダンスが知覚されている。

生態心理学は、最終的に、知覚の心理学であるだけではなく、行動を説明する学でなければならない。行動の全体的な流れとそれぞれの場面でのアフォーダンスの利用、それに対応して、行為者において気分から意図が生じ、それが環境と絡み合い、やがて習慣となり、全体の行動の流れを変じていくといった行動の連続的発展を記述できなければならない。前章で、本書では、自己についての研究は、気象学とか潮流の海洋物理学に相当する分野であると主張した。そこで、環境と自己の関係についても気象や潮流をモデルにして描いてみよう。

環境をすべて流体だと想像してみよう。環境は、さまざまな媒質でできた流動である。私の身体も流体であり、その中で一定の同一性を保つ渦である。その環境には、大小さまざまな流れが、さまざまな媒質で生じている。その一部は渦として循環して一定の形を保ち、他の部分は大きく流動して、一定の形を維持していない。ある流れは、ゆっくりとして重く、他は早くて軽い。流体の粘度も、場所によって異なっている。

ある場における流体の全体の動きには、どこかしら、一定の方向へと導く傾向があり、私はその流れに引き込まれていく。この引き込まれ感が、「充たされざる意味」と呼ばれる。環境中の対象の個々の意味に先立って、全体として「ここには、何か、重要なものがある」という漠然たる直感が、この全体の流れの中で感じられる。それは対象性の弱い、雰囲気を感知するような知覚である。私の側も、はっきりとした意図を持っているというよりは、いまだ方向性がはっきりしない、漠然とした気分のような状態にある。はっきりと環境中のさまざまな渦と結び合うまでには、まだ間がある。

だが、私がその環境に歩みを進めると、環境に変化が生じる。私は、自重で足元の床を押し、私の周りの空気を押して微かな風を起こし、息をして空気の出し入れを行い、発汗する。最初は、私という渦から発するこれらの影響は、周囲にある大きな渦たちには何の作用も及ぼしていないように思われる。

しかし私が行動を起こし、環境に存するある渦に自分の一部を差し入れると、その渦から一定の変化が生じ、それまでとは異なった動きと流出を始める。その変化には一定の安定性と規則性があり、渦の変化を予測して利用できるようになる。そうして、自分の渦からの流出と、それをのみ込んだ渦からの流出が一定の安定した循環的な潮流を描き出すようになる。これがアフォーダンスである。

アフォーダンスは、環境が私の存在や効果に刺激されて差し出す一種の反応パターンである。それを「型」と呼ぶことができる。アフォーダンスは環境の打ち出す「型」である。環境の方から規則的な反応が、私の働きかけに応じて、差し出されてくる。この循環的関係が成立したときには、習慣が獲得されたと言われるだろう。習慣の獲得は、自分の運動志向性と環境のアフォーダンスをカップリング（対化）することであり、そのためには自分の運動を環境のアフォーダンスに応じて調整し、環境の方も改変する技術が求められる。

自己と環境のあいだに生じた小さな渦動は、習慣的な運動となるが、それはもともと私の運動の全体的な潮流の一部である。三枝博音が技術に関して語ったように、技術は革新する意欲から切り離されれば、技術と呼べなくなる。習慣も、生のダイナミズムから孤立すれば、無意味な反復運動にすぎなくなる。しかし、私がその環境でいくつかのアフォーダンスを発見し、利用しても、まだ「充たされざる意味」は十分に満たされていない。私の求めるものはまだ得られておらず、私の欲求はまだ満たされていない。私は、いわば「侘びた」状態にある。とは言え、私には自分が何を求めているのか、細かな意図をさまざまに持ってはいても、それがどのような大きな目標や目的につながるのかが分からない。全体的な目的が与えられていて、そこに到達するのに途中のいくつかのステップを踏んでいる、といった明確な目的－手段関係はいまだ存在していない。私の意図と行動は、単にそれぞれのアフォーダンスの一連のつながりとして、トポロジカルに空間と時間を移行しているだけである。私の欲求はそのあいだずっと持続しているが、しかし全体としての目的は、最初は部分と部分の接続の中に、曖昧な姿を垣間見せるだけである。

私は、環境のさまざまな渦のアフォーダンスを利用して、自分を運動させていく。ある渦とのカップリングは持続し、他の渦とのカップリングは納め、他の渦へと移行する局面が生まれてくる。私という渦は、環境の一部から身を引き剝がし、そこから間《ま》を広げていき、一部の環境と境ができる。同時に、環境の他の場所から到達する波動に促され、私は別の渦動のアフォーダンスとカップリングする。これまでの渦動が分裂して、より小さい渦動とカップリングすることもある。私の渦の変遷は、ちょうど庭園の散策がそうであるように、こちらが移動することと光景が展開することとが連動している。しかし、それだけではなく、私が入り込んでいる環境は、やはり庭園のように自然物と人工物のハイブリッドであり、それは環境のもろもろの渦動と接続しやすいように配置されている。こうした環境は、私の運動が一定の方向に導かれるように人為的に配置されており、「促進行為場」と呼ばれる。

環境中ではさまざまな小さな渦よりも大きな潮流が私をある方向に導くことがある。だが、私が自らをさまざまな環境中の渦動に身を任せることで、その大きな潮流から身を引き剝がし、違った方向の大きな流れに自分を向けることも可能である。そうした方向の転換に必要なことは、間を取ることである。間を取ることは、環境の渦とのカップリングに巻き込まれながらも、そこから別の局面へと身を移す可能性、その隙間を維持することである。それは、距離を取りながらも引き合っているという、間のダイナミズムが発揮されることである。間のダイナミズムにおいては、持続する音楽的潮流と、それを切断して最初の状態へと差し戻し、「類似したもの」を「再帰」させること、すなわちリズムが生じる。

リズムの相違こそが、流動し、交換し合う環境と自己との境界を作り出す。渦動のピッチの差異が、別の渦動から自分を引き剝がす。リズムは、最初の状態に回帰して、その地点から自己を多様化させる。それは差異の反復である。間とは、そうした別の局面へと移行する差異化が、常に待機状態にあるということである。移行は、環境への同期において生じているリズムのずれが大きくなることで生じる。そのずれは、リズムの速さの変化によって生じてくる。

以上の記述は、環境における変遷として、空間的であると同時に、時間的でもある。私の運動の持続に「移り際（境）」や「切れる（納る）」といった瞬間が入ることで、ある現在が過去となり、同時に未来への期待と待機が生じる。言い換えれば、持続の中にリズムが生じて、凪のときのような一様な流れに、うねりや細波が起こり、そこに時間が生じる。大橋は、能の歩みが、足の爪先をわずかに持ち上げ、右足の一歩も左足の一歩も、一度そこで「切れて」完結し、そこから反対の足の運びが「つづく」という。それは、類似したものの再帰と言えるだろう。大橋はこう書いている。

人間の歩みは、（中略）切れ・つづきを含んでいる。それは単なる空間的・時間的な非連続と連続ではない。そこには人間の「生死」が映っているからである。生きるということは、息を吸っては吐くということを基本としている。吸う息と吐く息とは切れながらつづいていく。そのリズムは生（息）が限りのない連続性ではなくて、限りある命の営みだということをすでにあらわしている。(9)

以上のように、環境と自己を流体として捉える利点は、距離をおいた結びつきや切断を孕んだ持続が理解しやすくなり、人間の意図と目的の形成がイメージしやすくなることである。人間において意図的行為と意図的ではない行動（たとえば、不随意な反射や誤動作）をどのように区別するかという問題がある。従来の古い哲学説では、心の中の決意を原因として生じるものが意図的な行為であるとされてきた。しかし、それでは、無から突然に行為が始まることになってしまう。私たちの行為には決意とともに始まらない行為――たとえば、習慣的行為は意図的であるが、しばしば決意を伴わない――も多いし、意図が発生した時点を特定することはほとんどできない。(10)

意図することは、決意することでは決してない。意図とは、自分のある身体動作が環境に対して（対象に対して）どのような効果を持つかを知っていることである。ある旅行鞄を持ち上げるという場合、「摑んで腕を上げる」と「鞄が持ち上がる」という効果を知っていて、そうすることが意図的行為である。しかし重すぎて鞄の取手が壊れ、持ち上がらなかったとしよう。この結果を私は予想しなかったし、こうなるとは知らなかった。その場合には、鞄の取手を壊したのは意図的ではない。

ギブソンによれば、私たちの知覚は、生まれたときから始まり、死ぬまで終わらない。同様に、私たちの行為も生まれたときから始まり、死ぬまで終わらないひとつの潮流のような連続的過程である。人生がひとつの推移であるとするならば、問題は、その一連の過程の中で、どのように行為が分節化されてくるのか、どのように意図が分節化されてくるのかにある。従来の哲学説の問題は、人間の意図が、それ自体が運動している環境とのインタラクションによって徐々に形成されていくことを見逃している点にある。意図とは、環境とよい間合いを取ることによって生まれてくる。それは環境と私の身体との協働作業である。人間の心が突然に身体を動かすのではない。環境という流体の一部であり、すでに潮流の中で回転を始めている渦が、他のどのような潮流や渦と出会うのかという問題なのである。

アフォーダンスを知ることは、自分の環境への働きかけによって環境がどのような反応を起こすかを知ることである。環境中にどのようなアフォーダンスがあるかを知ることは、自分がその環境で何ができるかを知ることに等しい。アフォーダンスを見つけることは、これまでの自分を変更してくれるような何かを外部に見出すことである。アフォーダンスを探索する知覚は、自分にとって新たな行為の選択肢を見出すことである。

何かを意図するということは、環境中のアフォーダンスをまとめ上げ、一定の流れの中に配置することである。そうした流れの形成が、すなわち、意図が意図として収斂してくる過程である。それは、環境というさまざまな潮流の絡み合う海で、さまざまな渦巻であるアフォーダンスを取り込み、大きな流れを作ることに比較できるだろう。行為を、非物質的な心が物質的な身体を動かす運動として捉えてはならない。すでに動いている世界の中で、環境の中のさまざまな渦や潮流を、自分の渦動を使ってひとつの束へと導流させていくこと、いわば、せぬ隙＝間を空けて引き込んでいくこと、それが意図的行為なのである。

私たちは、漠然とした気分を抱えて、意味が未決定な環境に投じられる。そこにおいて、私たちは環境中のさまざまな渦とアフォーダンスの応答をしながら、それらを接続することで、ひとつの潮流を形成していく。それは、自己産出的な運動である。しかし、その潮流はアフォーダンスの利用の切り替えによって、別の潮流になることもありうる。したがって、重要なのは、持続する大きな潮流の中で「移り際」を生じさせるリズムである。それは、時のあわいであり、はざまと言えるかもしれない。環境と自己への気象学的・海洋物理学的アプローチでは、人間の意図的行為と人生の航路をこのようにイメージする。

## 3　二人称の根源性

環境の中には、他者という渦が存在し、私はそれらの渦とアフォーダンスのカップリングを行う。アフォーダンスの種類とそのやり取りの差異によって、性的行動、養育行動、闘争行動、協働的行動の差異が生じてくる。環境における共通の波動にともに共鳴しながら、他者と自己の渦が相互にアフォーダンスを提供できるときに、間身体的カップリングが生じる。流体同士のカップリングは、剛体同士の、隙がなく、硬く、粘りがなく、融通のないカップリングとはまったく異なる。流体を媒質とした渦同士のカップリングは、そのあいだに、余裕やあそび、バッファがあり、両者の相互作用は、柔軟で、粘りがあり、調整力に富んでいる。

こうした渦同士のあいだで生じていることは、同調である。それぞれに異なったリズムを持った複数の渦動が、それらの外からくるひとつの波動へ同調する。二つの身体的渦動はまず環境中の共通した波動に同調する。これが、環境を共有している状態である。そして今度は二つの身体的渦動同士が相互に同調するのだが、すでに述べたように、同調とは、二つの渦動がひとつになることではない。一方の渦動が他方を吸収することではない。同調とは、それぞれの渦動が、互いに少しの距離を保ちながら、しかし孤立もせずに、それぞれのリズムに乗ったり外れたりしながら、途切れることなく互いに見出し合うことである。同調には、「参与的なずれ」が働いている。二つの渦動のあいだにはリズムの差異がある。互いに干渉しながら、そのずれが互いの障害とならないのは、渦同士のあいだに、間、隙、あそび、バッファがあるからである。互いのアフォーダンスが、相互に利益をもたらす「正のアフォーダンス」であり続けるように、互いの間ないし隙を維持していくことが適切な間合いの取り方である。

木村敏の患者のように、あるいは、武道の立ち会いのように、相手の渦動にのみ込まれてしまい、自分のリズムを失ってしまうことは、渦同士の同調とは言わない。他者の渦に巻き込まれて、自分のリズムを失えば、同時に環境との交流もうまくいかなくなるだろう。適切な間合いを取ることは、環境に浸され、相手に同調しながらも、そこから別の渦動へと関係を移行させ、その時々の関係を自分から収めることが可能であるような状態を指している。

全体的な生の流れ、あるいは、「人間的意欲（三枝）」、「音楽性（観世）」「章歌（柳生）」「拍子調子（宮本）」「道」と呼ばれているものが健やかに流れるためには、環境中の特定のアフォーダンスに囚われてはならない。むしろアフォーダンスとのカップリングがその流れを流暢にしていくような、そうしたリズムが全体的な生の流れに必要である。そこで生じているのは、クラーゲスが言う「新しさの到来」としてのリズムの創造である。それは別の表現を使えば、「転《まろばし》」としてのリズムの創造である。「転《まろばし》」とは、相手のどの位相に対しても、それに適切な対応を、その場で創出することを指す柳生新陰流の用語である。(11)

離見の見を解釈することで私たちが見たのは、次のような形での主人公であるシテの登場である。振り返ってみよう。

遠い昔に彼の地で語ったのはシテであった。シテはすでに亡くなって久しい。ワキがその地を訪れる。地謡は、忘却のかなたにあるシテの語りを引用し、シテの物語を三人称で謡う。ワキがそれを聴くと、ワキの夢の中にシテが登場する。ワキはシテに語りかける。シテがある物語を語り始めると、ワキは聞き役となり、二人称の役割を担う。そしてシテは再び一人称＝主体として復活する。シテは地謡によって思い出され、ワキによって主体化される。地謡によって場が設定され、ワキによって語る者として出現する。

このような夢幻能の流れは、宗矩の活人剣と同じ仕組みでできている。剣士は、相手が自ら打突するように間合いをお膳立てする。そして、環境の波動にともに同調した二人の人間が、相手を聞く（同調する）ことによって相手を活かす。この仕組みにおいて、いましがた述べた人間同士の社会的アフォーダンスのカップリングと夢幻能とは同じ構造をしている。ここで注目すべきなのは、いずれの場合でも、主体化において二人称が根源的な役割を果たしている点である。三人称的な説明、能の文脈で言えば地謡だけでは、主体は復活しない。共有できる環境の中で、ある人間を活かすのは、聞き手となり同調する二人称の存在の登場によってなのである。

## 4　促進行為場としての間合い

生態心理学者のリードは、「促進行為場」という注目すべき概念を提示した。促進行為場とは、先に引用したように、「他者が子どもに利用できるようにしたり、子どもに向けて強調しているすべてのアフォーダンスが含まれ、他者が子どもに禁じているアフォーダンスが排除されている場である[12]」。促進行為場は、人間の発達を後押しする場であり、力である。教育にとって重要な示唆を与える考え方をリードは提示した。

しかしながら、リードの理論には問題があるように思われる。アフォーダンスは、あくまで環境のリアクティブな特性である。動物が環境中に存在するか、そこで働きかけるかすることで、環境のアフォーダンスははじめて動物に何かを（肯定的なものであれ、否定的なものであれ）提供する。したがって、子どもが積極的に何かを学ぶには、環境のアフォーダンスをただ整備してあげるだけでは不十分である。そうした無生物の環境が真の意味で人間を誘導することはなく、ただ環境は行為のカップリングの可能性を静かに湛えて待っているだけである。多くの人が誤って理解しているが、アフォーダンスは動物の行動を誘引しない。子どもが働きかけることによって有効に応答してくれる環境が配備されていても、それだけでは、子どもはさまざまな遊戯や試行をすることはあっても、方向性のある行動の発展を示すことはないだろう。漠然たる気分は、環境の流動の中で方向性となるが、アフォーダンスの型にはめるならば、反復的となり過去化していく。私たちが未来へと進むのは、リズムが私たちの存在を更新し、新しい始まりを示すときである。

子どもの成長にとって、いや、誰の成長にとっても必要なのは、二人称の他者である。先のリズムのように、環境に対して子どもと指導者がともに働きかけをして、そこにそれぞれのリズムが同調するような活動が生じることが、真の行為の促進になる。繰り返すが、この同調とは、単純な模倣でも、追従でもない。即興演奏のように、それぞれの参加者が、互いに自分のリズムを見失わないような距離を保ちながら、相手のリズムに対して、参与的なずれを生み出しながら応答することである。それぞれは、相手に「転《まろばし》」という、その場での創発的な対応をする。リズムとは、新しい始まりの絶えざる反復であるという点で、「新しさの到来」として生命的なリズムの発現であると捉えてよいだろう。

同調する相互行為の中で、既存のアフォーダンスの型を利用しつつ、相互に転じ合うこと。そうした間合いの場を作ることこそが、最もいい教育法のはずである。教育学者であり、現象学者のヴァン・マーネンは、創発的で、臨機応変の対応を「タクト（tact）」と呼び、教育的実践における最も重要な構成要素であると指摘している[13]。環境中のアフォーダンスは、安定した環境の反応として、型となるような環境と自己との循環を教えてくれる。しかし、それよりも根源的な音楽性、すなわち「新しさの到来」は、このような対人的・二人称的なやり取りの中でしか経験できない。人の成長を促す場は、環境のアフォーダンスだけではなく、活人剣のように人間による誘いが必要である。したがって、最善の促進行為場は、二人称の他者との間合いの中で生じるのだと言えよう。そこでは、学習者が主体となるからである。アフォーダンスは型であり、それを生命のリズムとして躍動させるのは、あくまで自分が相対する相手である。

## 注

（1）磯崎新（一九九〇）『見立ての手法——日本的空間の読解』鹿島出版会

（2）小野健吉（二〇〇九）『日本庭園——空間の美の歴史』岩波文庫、進士五十八（二〇〇五）『日本の庭園——造景の技とこころ』中公新書

（3）吉永義信（一九五八）『日本の庭園——京都の寺社を中心として』至文堂

(4) ガリレオ（二〇〇九）『贋金鑑識官』山田慶兒・谷泰訳、中公クラシックス
(5) 大橋良介（一九八六）『「切れ」の構造――日本美と現代世界』中公叢書、第二章
(6) 持田公子（一九八五）「庭園の眼差しあるいは生成する庭園」『思想』第七三五号、七二―八五頁
(7) 磯崎、前掲、四八―四九頁
(8) 同上、一九一―一九六頁
(9) 大橋、前掲、九頁
(10) 河野哲也（二〇一一）『意識は実在しない――心・知覚・自由』講談社メチエ、第三章
(11) 清水博（一九九六）『生命知としての場の論理――柳生新陰流に見る共創の理』中公新書、一六六―一七〇頁
(12) エドワード・S・リード（二〇〇〇）『アフォーダンスの心理学――生態心理学への道』細田直哉訳、佐々木正人監修、新曜社、二七〇頁
(13) Van Manen, M. (1991). *The Tact of Teaching: The meaning of Pedagogical Thoughtfulness.* The Althouse Press.

# あとがき

本書は、個人的には出版することに非常な恐怖を覚える書籍である。まだまだ未熟な腕前でしかない剣道について語るなど、烏滸がましいし、恥ずかしい気持ちでいっぱいである。能については尚更である。素人がただ眺めてきただけに過ぎないし、舞や謡、楽器の演奏についても何一つ知らないのに、これほど論じてしまうことに恐れ多い気持ちで居ても立ってもいられないほどである。しかし周りを見回してみれば、哲学や心理学などの関連する学問分野で、何十年も年月をかけて剣道に取り組んできた者はほとんどいないし、能については、その舞と武道の近さをどこかで指摘しないと気が済まない感じがして、蛮勇を奮ったのである。日本庭園について結論部で突如として言及したのも、剣道と能と庭がどこかで一体なものとして感じられてならないからである。それら全体を「海の存在論」でまとめ上げようとしたのだが、この本は、自分が出版してきた本の中で最もパーソナルなものなのではないかと思われる。

本書は、以下の日本学術振興会科学研究費助成事業の成果の一環である。

・新学術領域補助金計画班「顔と身体表現の比較現象学」（17H06346）

・基盤研究（A）「生態学的現象学による個別事例学の哲学的基礎付けとアーカイブの構築」（17H00903）

多田英俊先生には、表章の能楽と武道についての論文を教えていただきました。お礼申し上げます。

二〇二二年一月

河野哲也

河野哲也（こうの・てつや）

立教大学文学部教育学科教授．博士（哲学）．専門は哲学，倫理学，教育哲学．NPO 法人「こども哲学・おとな哲学 アーダコーダ」副代表理事．主要著書に『人は語り続けるとき，考えていない――対話と思考の哲学』『レポート・論文の書き方入門　第 4 版』（慶應義塾大学出版会），『じぶんで考えじぶんで話せる――こどもを育てる哲学レッスン』（河出書房新社），『道徳を問いなおす――リベラリズムと教育のゆくえ』（ちくま新書），『境界の現象学――始原の海から流体の存在論へ』（筑摩選書）ほか．

知の生態学の冒険　J・J・ギブソンの継承 2
間合い　生態学的現象学の探究

2022 年 3 月 11 日　初　版
2024 年 4 月 5 日　第 2 刷

［検印廃止］

著　者　河野哲也

発行所　一般財団法人　東京大学出版会

代表者　吉見俊哉

153-0041　東京都目黒区駒場4-5-29
https://www.utp.or.jp/
電話　03-6407-1069　Fax 03-6407-1991
振替　00160-6-59964

装　幀　松田行正
組　版　有限会社プログレス
印刷所　株式会社ヒライ
製本所　牧製本印刷株式会社


ISBN 978-4-13-015182-5　Printed in Japan

知の生態学的転回から、知の生態学の冒険へ
アフォーダンス、不変項、直接知覚論、促進行為場……
いま生態学的アプローチはあらゆるところに

The Ecological Turn and Beyond: Succeeding J. J. Gibson's Work

# 知の生態学の冒険　J・J・ギブソンの継承

河野哲也／三嶋博之／田中彰吾 編
全9巻／四六判上製／平均200頁

1　ロボット
——共生に向けたインタラクション（岡田美智男）

2　間合い
——生態学的現象学の探究（河野哲也）

3　自己と他者
——身体性のパースペクティヴから（田中彰吾）

4　サイボーグ
——人工物を理解するための鍵（柴田 崇）

5　動物
——ひと・環境との倫理的共生（谷津裕子）

6　メディアとしての身体
——世界／他者と交流するためのインタフェース（長滝祥司）

7　想起
——過去に接近する方法（森 直久）

8　排除
——個人化しない暴力へのアプローチ（熊谷晋一郎）

9　アフォーダンス
——そのルーツと最前線（三嶋博之／河野哲也／田中彰吾）